WJS CORSO

WJS

Klaus Fußmann
Die Schuld der Moderne

CORSO bei Siedler

Inhalt

Anmerkungen zum »Kunstwerk im Zeitalter seiner technischen Reproduzierbarkeit«

AUF EINER FAHRT DURCH BAYERN LASSEN WIR DIE kleine romanische Kapelle links liegen, denn sie ist in unserem Reiseführer nicht verzeichnet. Ihr altes Bruchsteingemäuer gefällt uns zwar, aber wir besuchen sie aus dem eben genannten Grunde nicht. Zwar könnten wir uns auch einmal auf uns selbst verlassen und uns ganz unbefangen an Ort und Stelle eine Meinung bilden, aber dazu sind wir zu vorsichtig. Die Gefahr, der Neoromanik des 19. Jahrhunderts aufzusitzen, ist einfach zu groß. Wir wollen lieber sichergehen.

Sollte sich allerdings später herausstellen, daß unser erster Eindruck richtig und die kleine Kirche wirklich romanisch war, so würden wir sie beim nächsten Mal bestimmt besichtigen. Vielleicht würden wir dann sogar ein paar Worte der Genugtuung darüber verlieren, wie es uns doch von Anfang an so schien, als hätten wir es mit einem Original zu tun. Wir sind keineswegs über uns irritiert, sondern finden unser Verhalten ganz normal.

So ungefähr kann es jedem von uns passieren.

Es klingt absurd, aber in Sachen Kunst trauen wir unseren eigenen Augen nicht, sondern immer nur dem, was wir darüber gelesen haben. Wir nähern uns der Kunst nie direkt: Die ersten Eindrücke haben wir immer aus Büchern, Katalogen oder sogar Filmen, und dann erst sehen wir das Original. Eigentlich haben wir unser ganzes Wissen über die Kunst aus den Büchern, und beim Anschauen der Reproduktionen bilden wir uns schon unser Urteil.

Wir lernen die Kunst auswendig. Die Abbildungen können wieder und wieder angeschaut, eingeprägt und verglichen werden. Aus Büchern sind uns die Namen der Künstler bekannt geworden, und im begleitenden Text haben wir auch noch die Erklärung der Werke gelesen. Wir sind über die Kunst im Bilde, bevor wir sie selbst gesehen haben.

Tausende von Kunstwerken haben wir gespeichert, und ein Überblick über die Kunst der ganzen Welt ist selbstverständlich. Kein noch so bemühter Kunstfreund des 18. und auch noch des 19. Jahrhunderts hätte es an Wissen mit uns aufnehmen können. Aber auch die Originale sind heute leichter zugänglich. Sah der Kunstliebhaber vor zweihundert Jahren in seinem ganzen Leben vielleicht fünfhundert Bilder und mußte dafür lange, unbequeme Reisen in Kauf nehmen, so sehen wir das alles an einem Tag in einem der großen Museen.

Überlegenheit also auf der ganzen Linie. Aber in der Beurteilung von Kunst sind wir keineswegs überlegen, sondern viel zögernder und unsicherer als die Menschen früherer Zeiten. Wir haben überhaupt kein eigenes Urteil mehr, denn die ungeheure Flut der Eindrücke und das Studium der Kunst anhand von Büchern haben uns verdorben. Aus den Büchern haben wir alles: nicht nur die Kenntnis der Kunst, sondern auch noch ihre Beurteilung. Wir beurteilen die Kunstwerke nicht nach unserem Geschmack, sondern sind geprägt von den Reproduktionen, sehen also nicht subjektiv, sondern kollektiv; wir haben nachgelesen, was man von den einzelnen Werken hält und welchen Rang sie einnehmen.

Indem wir so, in einem Buch blätternd, von Hauptwerk zu Hauptwerk eilen, ist uns das Beste gerade gut genug. Wir sind unendlich verwöhnt. Ein nur gut gemaltes Bild reicht längst nicht mehr aus, uns wachzurütteln. Das Feinste vom Feinen als normal ansehend und auch da noch mäkelnd und auf Bessseres, auf das Abgefeimteste wartend, stellen wir an die Kunst Ansprüche, die sie gar nicht erfüllen kann. Wir sind voller Überdruß, denn wir kennen ja alles.

Andererseits haben uns die vielen Abbildungen für Bilderfindungen und für stilistische Merkmale auf das äußerste sensibilisiert. In der enormen Verkleinerung der Reproduktion schrumpft das Kunstwerk in gewisser Weise auf seine Quintessenz: Sein literarischer wie kompositorischer Gehalt wird leichter faßbar, und die bildnerische Idee wird eher verstanden. Glatt und ohne die Holprigkeit des Originals präsentiert sich das Abbild. Der Beschauer kann sich ungestört in das Wesen des Bildes vertiefen. Niemand wird behaupten, er sehe nur einen Nebenaspekt, aber er sieht eben auch nicht das »Werk«.

Es ist eine intellektuelle Kenntnis der Kunst, die sich uns so vermittelt. Das Kunstwerk selbst aber ist ursprünglich, nicht intellektuell. Das Original hat Ecken und Kanten. Viele Kunstfreunde ziehen vor der haptischen Wucht des Originals den Kopf ein, werden kleinlaut und können so gut wie gar nichts mehr mit dem doch so geliebten Bild anfangen. Die Handwerklichkeit der Kunst erschreckt sie. Die Divergenz zwischen der harmlosen Reproduktion und dem Original ist allzugroß. Jedes Gefühl für eine Materialästhetik ist beim Studium der Bücher abhanden gekommen. Für viele ist das Original sogar unerträglich. Die Kunst hat sich für sie so weit über die Niederungen des Handwerks erhoben, daß die herbe Realität des Artefakts sie abstößt.

Doch was uns zunächst ein nur ästhetischer, geschmacklicher Einwand zu sein scheint, ist bei konsequentem Nachdenken viel gravierender und stellt unsere gesamte so erlangte Kunstauffassung in Frage. Denn die eigentliche Tiefe der Kunst liegt tatsächlich in ihrer Handwerklichkeit. Die Kunst beginnt im Artefakt. Erst das Kunst-Werk überspringt die Natur, und erst im Kunstwerk setzt sich der Mensch als ein nicht mehr natürliches Wesen von der Welt ab. Mögen da noch so viele Objekte in einer Laune der Natur geschaffen werden, gelöcherte Steine zum Beispiel, in China mehr verehrt als manche Skulptur und in den kaiserlichen Gärten auch oft besser plaziert, an der Ostsee gefundene Kugelsteine mit Einschlüssen, Homunkuli im Glas und seltene Vogeleier in Nestern: all das kann wie Kunst verehrt oder geachtet werden – ist aber etwas ganz anderes.

Nur die Kunst ist fähig, die Natur zu überspringen. Das gemalte Pferd in der Höhle von Lascaux ist ein überhöhtes Pferd: es ist Tier und Erscheinung zugleich, und es ist dies nur im menschlichen Sinne. Es ist kein »natürliches« Pferd, sondern ein menschliches. Es ist ein im humanen Vorstellen begründetes Pferd und könnte so, wie es dort über die Wand läuft, niemals von der Natur geschaffen werden. Ein Pferd aus der Höhle von Lascaux ist die Realisation eines menschlichen Wunschbildes, ist das Wunschbild eines Malers und somit auch Beschwörung, aber das erst in zweiter Linie. Zunächst einmal ist das Bild des Pferdes eine Mitteilung von Mensch zu Mensch, die gemalte Wunschvorstellung eines Menschen für Menschen. Dabei entstand eine

Bildersprache, die sich über die Jahrtausende von Bild zu Bild verfeinern, vertiefen und zum Schluß gänzlich verändern sollte.

Die Malerei ist kein Comic und sie ist keine Schrift. Ihre Mitteilung ist nicht an Sprache gebunden, vielmehr hat sich die Schrift aus der Malerei, nämlich deren symbolischen Zeichen, entwickelt. Wäre die Malerei mit dem Comic identisch, würde sie also im Anekdotischen ihre vornehmste Aufgabe sehen, so wäre sie schon längst erschöpft und als Begriff verschwunden, denn die Themen sind begrenzt. Was die Malerei so unerschöpflich macht, ist die Möglichkeit einer verschiedenen Anschauung der Objekte und ihre sich immer wieder verschiebende Auffassung davon.

Diese »Ansicht« der Dinge ist die »Sprache« der Malerei, und die ist unvorstellbar vielschichtig, sie ist unendlich fein. Einmal im Sehen geübt, nehmen wir über die Gestimmtheit der dargestellten Dinge hinaus noch die Gestimmtheit des Malers wahr; wir können sagen, ob Rubens beim Malen von diesem oder jenem Bild einen guten oder schlechten Tag hatte. Die »Ansicht« läßt uns in einer ägyptischen Plastik einen Trend zum ptolemäischen Stil wahrnehmen, obwohl wir gar nicht in der Lage wären, klipp und klar in Millimetern nachzuweisen, wo sich jetzt ganz konkret eine Veränderung abzeichnet.

Die Kunst transportiert also über das Handwerk eine Gestimmtheit, die wir auf der Reproduktion nicht mehr wahrnehmen. Ob ein Bild gut oder schlecht gemalt ist, können wir unmöglich beim Anschauen einer Abbildung sagen. Ob der Maler einen guten oder schlechten Tag hatte, ist nur vom Original ablesbar. Ob die Tiefe des Himmels, die Rigorosität der Pinselführung, der Farbauftrag – der sogenannte »Farbkörper« –, ob das alles stimmt, ist nur vor dem Original zu sehen.

Das Gefühl für die Feinheiten der Malerei, ihre Gestimmtheit, ist uns über das Studium der Bücher abhanden gekommen. Aber die Sache steht noch schlimmer, denn die Sensibilität dafür ist aus den Fugen geraten. Es ist kennzeichnend für den extremen Zustand, daß wir auf der einen Seite, entspannt in einem Sessel sitzend, im Buche blätternd, die verharmlosenden Reproduktionen genießen und auf der anderen Seite in einem Museum, stehend, die Wüste der Nachmoderne aufnehmen. Im Buch haben wir die glatte Reproduktion ohne Ecken und Kanten, im Museum haben wir die total entfesselte Materialität, die eine immerwährende Herausforderung sein will. In beiden Fällen ist das Gefühl für das Material abhanden gekommen.

Das nachmoderne Kunstwerk will keine Versöhnung. Während die Pferde von Lascaux in ihrer Gestimmtheit – unter Einbindung des Materials – die Vorstellung des Menschen vom Pferd beschwören, zerfällt ein in der jetzigen, anarchistischen Manier gemaltes Pferd vollständig und bleibt im Sinne der »Malerei« tot. Der über einem Kunstwerk schwebende Zauber ist hier verlorengegangen. Das Werk will nur noch Fetisch sein, will uralte Zeiten beschwören, Blut, Fruchtbarkeit, Tod, aber das alles will es auf keinen Fall mehr direkt. Im Gegenteil: das anarchistische Kunstwerk vermeidet die Gestimmtheit, reduziert sich ganz auf das Material und gruppiert sich, vielleicht zum ersten Mal in der Geschichte der Kunst, in der Nähe des von der Natur geschaffenen Objektes. Wie auch immer man ein so rein am Material orientiertes Kunstwerk bewertet, der Zugang ist nur über das Wort möglich. Ohne die Einübung zur Kunst über das Buch wäre eine solche Kunstbetrachtung überhaupt nicht denkbar.

Für viele Kunstfreunde unserer Zeit spielt sich die Kunst nur noch im Kopf ab. Am liebsten sind ihnen komplizierte Theorien, hochgestochen und esoterisch, und nur noch in der »Idee« vom Kunstwerk suchen sie ihr Heil. Von der Sinnlichkeit der Malerei ist dabei keine Rede mehr; schon das Kunst-Werk ist darin eigentlich überflüssig und das Original ohnehin.

Noch bezeichnet eine solche Betrachtungsweise nur äußere Grenzen von Kunstverständnis, die Macht der Bilder ist für die Gesellschaft noch ungebrochen, doch die »Erziehung« zur objektentbundenen Kunst wird uns von einer hochsubventionierten Ausstellung zur anderen angedient. Das ist der Weg, den die Kunst jetzt gehen soll: »Rein« soll sie sein, ganz weiß oder schwarz oder abstoßend häßlich, abstrus schlecht gemalt oder kindisch naiv. Schillernd sinnlich wie ein Tizian darf ein Bild nicht mehr gemalt sein. Die Kunst ist jetzt manchmal nur noch ein Ziegelstein oder ein Wort oder einfach ein Geräusch – so geartet findet sie im kunsthistorischen Bereich Anhänger. Andererseits darf sie auch monströs kitschig sein, so daß es uns erschlägt – auch das stößt auf Verständnis. Aber eine glückliche Symbiose von Handwerk und Geist, das darf Kunst nicht mehr sein.

Glaubenssache

DIE KUNST DER NACHMODERNE HAT SICH SOWEIT wie möglich vereinfacht und vergröbert. Und doch kann sie sich nicht ein einziges Mal mit der Kunst der Primitiven vergleichen. Halten wir einmal ein Bild von Penck neben eine Malerei der Aborigines, so bemerken wir sofort den Unterschied: Die spätere Malerei wirkt wie die primitive. Insgesamt können wir einen wirklichen Rückschritt verzeichnen. Die Gestimmtheit der Malerei, die von Anfang an ihr eigentliches Gütesiegel war und sie als Kunstform so lebendig erhielt, wird als unnötig empfunden. Die heutige Kunst sieht sich statt dessen gern in der Nähe von dräuendem Mythos und noch lieber in der Nähe der Religion angesiedelt. Manche Kunst möchte selbst Religion sein, Glauben an das Höhere vermitteln. Fetische werden uns gezeigt: Kunstwerke, die fatal an Reliquienarme erinnern. Man fragt sich unwillkürlich, wo man so etwas schon einmal gesehen hat, und es fallen einem spanische Kirchen ein. Aber auch Altötting und Wittenberg.

Kurfürst Friedrich der Weise war nicht nur der stille Förderer der Reformation und der Beschützer Luthers, sondern auch ein eifriger und kenntnisreicher Kunstsammler. Er bewies darin viel Geschick. Seine Wittenberger Schloßkirche zierten neunzehn Altäre von Dürer und Cranach, aber auch von italienischen und niederländischen Meistern. 1496 läßt er sich von Dürer porträtieren. Das Bildnis gelingt zur vollsten Zufriedenheit des Kurfürsten, und das verhilft dem Künstler zu weiteren großen Porträtaufträgen – bis hin zu Kaiser Maximilian. 1505 ernennt Friedrich Lucas Cranach den Älteren zu seinem Hofmaler, der sich daraufhin in Wittenberg niederläßt und dort alsbald Dutzende von Gesellen und Gehilfen beschäftigt. Ein wirklicher Mäzen.

Doch noch mehr Wert scheint Friedrich der Weise auf seine Reliquiensammlung gelegt zu haben, für die er auch wesentlich mehr Geld ausgegeben haben dürfte, denn Reliquien waren teuer. Seine kostbarsten Stücke hatte er persönlich aus dem Heiligen Land mitgebracht. Am Ende seines Lebens besaß er 5005 Reliquien, darunter einen Strohhalm aus der Krippe Christi, einen Tropfen Milch der Muttergottes, eines ihrer Haare und den vollständigen Leichnam eines der von Herodes zu Bethlehem ermordeten Kinder. 1443 Jahre Ablaß wurden dem versprochen, der alle Reliquien andächtig abschritt und die vorgeschriebenen Gebete verrichtete.

Kunst und Reliquiare, Altäre und Schreine waren in der Schloßkirche zu Wittenberg einträchtig nebeneinander versammelt, doch die Reliquien stellten die größte Attraktion dar. Ihretwegen kamen die Pilger und ließen viel Geld in der Stadt. Während die Reliquien für die Gläubigen Wirklichkeit waren, an deren Kraft und heilsamer Wirkung niemand zweifelte, war es Aufgabe der Kunst, diese fromme Gewißheit noch zu erhöhen und die Inbrunst zu steigern. Von all dem ist fast nichts geblieben: Die Reliquien sind verstreut oder verloren, und die schönen Altäre gingen bereits während des Bildersturms in Flammen auf.

Was war das für ein ungeheurer Mummenschanz, der da getrieben wurde! Man stelle sich vor, im Innern der Kirche, an deren Tür Martin Luther später seine 99 Thesen schlagen sollte, waren Tausende Reliquien ausgestellt, und der Kurfürst, offensichtlich doch ein aufgeklärter Mann und ein großer Kunstkenner dazu, förderte diesen Rummel nach Kräften. Die Zeiten haben sich gründlich geändert: Mit Reliquien kann man kaum noch jemanden hinter dem Ofen hervorlocken. Reliquien sind wertlos geworden, keiner gibt dafür noch Geld aus.

Mit der Kunst hingegen sieht es anders aus. Sie genießt heute fast die gleiche Verehrung wie damals die Reliquien. Was einst Dekor war, hat sich in den Vordergrund geschoben, das Beiwerk ist zur Attraktion geworden. Die Kunst heute ist eine Realität. Während die Reliquien in ihren Silberarmen und die einst mit Küssen bedeckten und von Prozessionen umkreisten heiligen Knochen verstauben, lebt die Kunst. Wie hat sich das Blatt gewendet, so scheint es.

Als Friedrich der Weise begann, Bilder auszusuchen, war die Kunst noch dabei, sich aus der Religion davonzustehlen. Ohne ihre christliche Thematik zu ändern, hatte sie sich schon an der mächtigen Kirche vorbeigeschoben. Während der Kanon der biblischen Geschichten unangetastet blieb, verlegte sich die Kunst immer mehr auf die Präsentation einer neuen Wirklichkeit, die den klerikalen Widerstand erst gar nicht herausforderte. Die Kunst war im Aufbruch, erst seit einigen Jahrzehnten war sie nicht mehr nur die Dienerin der Kirche, sondern hatte parallel zum Glauben ein eigenes Bild der Welt entwickelt. Die Malerei klinkte sich sanft aus der Religion aus und wandte sich dem nur Sichtbaren zu. Das, was wir die europäische Kunst nennen, entstand im Laufe der Jahrhunderte. Immer neue Varianten von der Erscheinung der Wirklichkeit wurden gemalt, und natürlich gab man sich nicht damit zufrieden, das Sichtbare darzustellen, sondern reflektierte ebenso leidenschaftlich darüber, welche Art von Wirklichkeit die Welt der Bilder sei. Man dachte über die Wirklichkeit der Kunst nach. In ihrem Umkreis entfaltete sich ei-

ne ganz eigene Geisteswelt, die alsbald an Spe-
kulation und Scharfsinn den Glaubenskämpfen
der Religion in nichts nachstand.

Mittlerweile dürfte es mindestens soviel
Schriften über die Kunst wie über den Glauben
geben. Philosophen haben sich über ihr Wesen
den Kopf zerbrochen, haben sie zu deuten versucht und »Ästhetiken« geschrieben. Doch die
Gedankengebäude waren von der Kunst meist
schon wieder überholt, bevor sie allgemein bekannt geworden waren. Denn die Kunst wandelt
sich unablässig.

Die Kunst unserer Tage ist ganz frei und reitet
schon seit rund zweihundert Jahren nicht mehr
auf dem Rücken der Religion. Sie ist frei und
steht in hohem Ansehen: Enorme Summen werden für bekannte Werke bezahlt, und täglich steigen die Preise. Das berühmteste Gemälde der
Welt, die »Mona Lisa«, übertrifft an Bekanntheit
bei weitem die schwarze Madonna von Tschen-
stochau, die zur Zeit wohl bekannteste Ikone der
Welt. Auch was die Sicherheit anbelangt, ist die
»Mona Lisa« mehr geschützt als alle Gnadenbil-
der. Sie lächelt uns jetzt aus einer halbdunklen
Gruft entgegen, aus kugelsicherem Glas hat man
ihr im Louvre eine Kapelle gebaut. So ist sie zwar
vor allen Herostraten sicher, aber für den Beschauer kaum noch sichtbar. Auch insofern ist
sie eine Art Gnadenbild geworden.

Die Kunst feiert Triumphe. Museumsfreunde

chartern Flugzeuge, um nach New York ins MOMA, ins Museum of Modern Art, zu wallfahren. Kunstvereine veranstalten Busreisen zu spektakulären Ausstellungen quer durchs Land, und Schulklassen werden rigoros der Moderne zugeführt. Ein Kunstbetrieb ohnegleichen ist entfacht. Millionen Besucher verzeichnen die deutschen Museen jährlich, mehr als alle Fußballstadien zusammengenommen, und das will doch wirklich etwas heißen. Museen legen den neuen Trend fest. Was etwa im MOMA zur Kunst erklärt wird, ist sakrosankt. Die Museen und Kunstinstitute sind in wichtige und weniger wichtige »Häuser« kategorisiert. Seit sich die Museen freilich darauf eingelassen haben, die neueste Kunst auch selbst entdecken und kreieren zu wollen, was sonst im Vorfeld der Galerien und der Presse geschah, nimmt ihr Einfluß spürbar ab. Denn naturgemäß irren sie sich oft, und das verträgt eine »Institution« nicht.

Tatsächlich kann man die Funktion eines modernen Museums mit der einer mittelalterlichen Kathedrale vergleichen: Hier werden Glaubenssätze verkündet. Es werden Museen gebaut wie noch nie; kaum ein Monat vergeht, in dem nicht irgendwo ein neues eingeweiht wird. Nicht nur große Städte, sondern auch mittlere leisten sich jetzt einen Museumsneubau. Vorbei sind die Zeiten, wo die gestifteten Bilder in größeren Wohnhäusern oder gar in trüben Rathausetagen untergebracht waren. Die Museumsbauten werden beachtet, die Feuilletons berichten ausführlich darüber, die Erwartungshaltung ist groß. Aber die neue Museumsarchitektur dient der bildenden Kunst nicht, sondern feiert lieber sich selbst...

In den Museen gibt es riesige Entrees, jede Menge Treppenhäuser und begehbare Rampen, Vortragssäle, Arbeitsräume, Kinderräume, Depots und Garagen – nur die Ausstellungsräume kommen meist schlecht weg, kaum ein Drittel der Fläche bleibt übrig für die Präsentation der Kunst. Die moderne Museumsarchitektur versteht sich selbst als Kunstwerk, und deshalb gerät ein Museumsneubau neuerdings immer öfter wie ein Sakralbau. Die Architektur ist hier, wie einst im alten Ägypten, zu gar nichts verpflichtet. Ihren frühesten Anfängen vergleichbar, entwirft sie Kultbauten, als sei sie erfaßt von einer Art archetypischem Imperativ.

Aber man baut, ohne einen Neubeginn zu wagen. Man verbindet, was nicht zusammengehört, man verbindet die Moderne mit dem Schwulst des neunzehnten Jahrhunderts.

Während die Museen im letzten Jahrhundert noch mit einem Säulenportikus versehen wurden, in der Moderne dann zu nüchternen Flachbauten sich wandelten, sind die jetzigen Kultbauten von zum Teil abenteuerlicher Verspieltheit. Aber auch die Kunst drinnen hat sich verändert – radikaler noch als die Architektur. So verwirrend diese auch sein mag, sie umschließt eine Kunst, die mehr Friedrichs Reliquien gleicht als seinen Altären von Cranach und Dürer. Mit Silberdraht umwickelte Schienbeine damals, mit Mullbinden und Lederstreifen umwickeltes Holz heute: »Partikel« damals, Fetische heute. Auch Kultisches birgt ein modernes Museum: magische Steinkreise, magische Eisenplatten und magische Neonleuchten. Unentschlüsselbare Zahlenreihen wechseln über zu erfundenen Miniaturstädten, zu paläontologistischen Tiergerippen. Vitrinen voller Gerümpel, faszinierend-intelligent arrangiert, fremd und spökenkiekerisch: die Kunst als Pseudoreligion.

Man sollte meinen, der aufgeklärte Mensch würde das ablehnen, wie er eine Reliquie ablehnt, doch weit gefehlt. Das Gegenteil tritt ein, man ist begeistert. Während der moderne Mensch entrüstet die Wallfahrtskirche zu Padua verläßt, wo für etliche Gebete, verrichtet vor einem besonders wichtigen Reliquiar, die Erlassung von immerhin dreißigtausend Jahren Fegefeuer versprochen wird, beugt sich der gleiche Mann verklärt über Relikte aus Teer, Holz und Fellen, die in einem modernen Museum liegen. Schon rein äußerlich ist da kein Unterschied.

Mystik und Mythos sind jetzt wieder überall, doch die Kunst ist voll davon. Man erwartet von der Kunst eine Art Überkunst – letztlich ein Wunder. Ein Talisman, ein Fetisch, ein Kultraum oder eine rituale Performance liegen jedoch außerhalb der Kunst, sind eher dem Aberglauben und der Beschwörung verwandt. Und wer vermag noch die Grenzen zur Scharlatanerie zu ziehen? Gibt es überhaupt eine solche Grenze? Die moderne Kunst jedenfalls war einmal genau das Gegenteil von dem, was die Kunst von heute kennzeichnet. Form und Farbe waren die Maxime der Malerei, Funktion die der Architektur; dies mutet uns jetzt fast fremd an, es klingt uns zu streng.

Wir stehen, ohne es richtig wahrhaben zu wollen, längst wieder in einer mythischen Ästhetik. Die Moderne ist weit weg, und so paradox es klingt, sie war wohl eher etwas auf den Kopf Gestelltes, denn das Irrationale scheint in der Geschichte das Normale zu sein. Wir sind wieder hinübergeglitten auf die andere Seite und haben die nüchterne Welt der Ordnung, der Form und der Farbe verlassen. Wir stehen wieder im Mythos.

So gesehen dauerte die Kunst der Moderne nur etwa fünfzig Jahre, genau wie Klassik und Renaissance. Natürlich kann man hierüber geteilter Meinung sein, denn es ist schwierig, den jeweiligen Standpunkt der Kunst zu bestimmen. Aber keiner vermag die Zeit aufzuhalten, und so ist auch die Kunst der Moderne wieder herausgetrieben worden aus dem hellen Lichtkegel von

Vernunft und Ordnung. Doch die Kunst ist immer für eine Überraschung gut. Im Zusammenbruch all ihrer Werte könnte etwas Neues gefunden werden – aus dem Dumpfen heraus. Dies könnte genauso unbemerkt und namenlos sich vollziehen wie in der Gotik und Frührenaissance, als die Kunst noch ein Schemen war.

Die Schuld der Moderne

Wir sprechen ununterbrochen von der Moderne. Obwohl wir immer wieder und wieder ihr Ende verkünden, sind wir doch ganz und gar besessen von ihr. Wenn man ihr für die Zukunft auch keine Chancen mehr gibt, so entdeckt man sie in der Vergangenheit mehr und mehr. Es scheint sie in fast allen Jahrhunderten gegeben zu haben. Man denke an die prähistorischen Malereien, die Kunst der Kykladen, die Ornamente des Islam, die Domtüren von Hildesheim, fast in jeder Zeit finden sich moderne Stilelemente. Modernes auch in der Reihe der europäischen Maler, angefangen mit Giotto: Auch er war schon ein moderner Maler. Eigentlich war alle Kunst immer schon modern, und es fällt überhaupt nicht schwer, Hunderte von Beispielen aus allen Zeiten dafür heranzuziehen.

Aus dieser verwirrenden Vielfalt den Geist der Moderne zu bestimmen ist so gut wie unmöglich. Doch die Frage nach der Herkunft läßt uns keine Ruhe. Vor allem welche Impulse zu dieser konsequenten Abstraktion führten, die die Moderne

Eigentlich war alle Kunst immer schon modern ...

Pablo Picasso: Harlekin, Öl auf Leinwand, 1927

geprägt hat, und damit letztlich die Frage nach der genuin europäischen Kunstform überhaupt wird immer wieder neu gestellt und immer wieder anders begründet.

Es ist für uns viel leichter, das spezifisch Chinesische, Indische, Persische zu umreißen, als das eigene. Wir versinken dabei ganz schnell in der Masse der Kunstwerke, sehen alsbald vor lauter Bäumen den Wald nicht mehr und postulieren dann doch lieber den einsamen Genius als den Urheber, das einzelne Genie in seinem überragenden Talent und mit seinen seherischen Fähigkeiten. Aber wir spüren auch sofort, wie simpel solche Deutung ist.

Der starre Blick auf die Moderne spart alle andersgeartete Kunst aus. Dieses auf Abstraktionen erpichte Sehen verstellt uns außerdem eine objektive Rückschau, denn wir können uns nicht mehr in die klassizistische Kunstauffassung versetzen, die unsere abstrakte Sehweise gänzlich ausließ. Was im letzten Jahrhundert noch als das höchste Ideal galt, ist jetzt belanglos. Keiner spricht zum Beispiel heute mehr über den Apollo des Belvedere. Die einst als Verkörperung des griechischen Ideals gefeierte Plastik steht jetzt wieder, eingereiht unter den anderen Antiken, in den vatikanischen Sammlungen. Die meisten Besucher gehen achtlos an ihr vorüber. Aber noch Napoleon betrachtete den Apollo als das kostbarste aller Werke, die er in Italien konfiszierte und dem Louvre übergab.

... angefangen mit Giotto: Auch er war schon ein moderner Maler.

Giotto: Begegnung auf der goldenen Pforte (Ausschnitt), Fresko, Arenakapelle zu Padua, um 1305

Dem 19. Jahrhundert war alles mehr oder weniger griechisch-römisch. Es ist heute fast unvorstellbar, wie das Ideal der Antike damals die gesamte Kunst beherrschte. Ihr Vorbild war allgegenwärtig in der Architektur, in der bildenden Kunst und in der Dichtung. Was wir heute schätzen, die spröde Plastik der Gotik und Romanik, war allen ein Graus. Winckelmann weist ausdrücklich darauf hin, wie ihn der gotische Christus, den er in der Stendaler Klosterschule immer vor Augen hatte, gequält habe – der verkrampfte, geschundene Körper – und wie ihn dann in Rom die antiken Statuen entzückten.

Das Mittelalter war künstlerisch barbarisch gewesen, so die damals einhellige Meinung. Eine dumpfe Inkubation, die ihre Vollendung erst in der Renaissance erreichte. Alles, was vor Raffael geschaffen worden war, war eine Kunst der Primitiven. Man kann sich nicht oft genug vor Augen führen, wie diametral der Gegensatz der Kunst des 19. Jahrhunderts zur späteren Moderne war.

Die offizielle Kunst des letzten Jahrhunderts wähnte sich vollendet. Man konnte es sich nicht einmal vorstellen, daß es etwas Gleichrangiges geben könnte. Man war in der Lage, die Dinge genauso plastisch und perspektivisch richtig abzubilden wie in der Antike, ja, noch getreuer. Für die Künstler galt es, dem akademischen Vorbild so nahe wie möglich zu kommen. Der junge

Anselm Feuerbach verkündete, er beherrsche jetzt die Form und könne folglich dazu übergehen, Kunst zu schaffen. Die große Kunst war das bildnerische Erzählen.

Was da entstand, hatte aber mit der Antike wenig zu tun. Es war davon nur ein Manierismus übriggeblieben. Selbst die Vorstellung vom Mittelalter war jetzt so heroisch wie die von der Antike. Wagnerianisch brauste es daher: Lohengrin, König Artus und die Seinen, Ritterspiele, Minnespiele; heldisch und treu. Alles, womit man sich identifizierte, war irgendwie griechisch-römisch. Auch das Mittelalter war jetzt aufrecht, war frei und edel. Man war fest davon überzeugt, den Anschluß an die Antike vollzogen zu haben.

Wie weit hier doch Wunsch und Wirklichkeit auseinanderlagen! Selbst die Renaissance, die sich noch am unverkrampftesten der Antike verpflichtet gefühlt hatte und der man auch noch am ehesten die direkte Anknüpfung zutraute, ist trotzdem etwas ganz anderes geworden. Sie liegt immer haargenau daneben. Es ist, als ob da ein Hindernis, ein Ballast vorhanden sei. Die Antike ist jedenfalls in der Renaissance kein einziges Mal wiedererstanden. Es fehlt ihr die unbekümmerte Sinnlichkeit, es fehlt die Leichtigkeit, und es fehlt deshalb auch die heitere Schönheit. Es fehlt auch die unmittelbare Verbundenheit mit der Natur: Die Werke sind introvertierter, schwerfälliger – auch im Handwerklichen. Die übermächtige mittelalterliche Vergangenheit holte die Renaissance immer wieder ein. Die Wiedergeburt fand in einer völlig veränderten Zivilisation statt. Eine Gesellschaft war entstanden, die durch eine tiefe Depression gegangen war und die die antike Direktheit verloren hatte. Die dunklen Jahrhunderte der Völkerwanderung, die Armut des Mittelalters, all das wirkte weiter, wurde mitgeschleppt, blieb letztlich sichtbar.

Das Weltbild war komplizierter geworden. Die Renaissance war von der Antike so verschieden, wie das Lächeln der Mona Lisa verschieden ist vom Lächeln des attischen Mädchens in Chiton und Peplos. Aus dem offenen Lächeln Griechenlands, so strahlend und zuversichtlich und vielleicht auch ironisch, ist eine kontemplative Angelegenheit geworden. Die Gioconda lächelt nach innen. Es ist eigentlich nur der Anflug eines Lächelns: schüchtern, ein wenig resigniert und, wenn man so will, auch eine Spur hinterhältig. Dieses Lächeln hat das Abendland fasziniert, weil es sein eigenes Lächeln ist. Das Lächeln der Mona Lisa spiegelt die Kultur Europas, denn diese ist genauso widersprüchlich, kompliziert und vielschichtig.

Wie ist nun die europäische Kunst geartet, die nicht gotisch blieb, aber auch nie klassisch wurde? Ein seltsamer Bastard muß da entstanden sein, so zwischen allen Stühlen. Tatsächlich ist der Beginn der europäischen Malerei dissonant. Das Neue wurde nicht schöner als Duccio oder Simone Martini, sondern eckig und sperrig, grob in der Ausführung und stilistisch widersprüchlich: Hier ist es räumlich, da ist es flächig, hier ist es starr und dort bewegt.

Wenn wir heute die Giotto-Fresken in der Arenakapelle zu Padua betrachten, so sehen wir nur die Malerei. Wir lassen die Spannung der Komposition auf uns wirken und bewundern die Rigorosität der Ausführung. Wir sehen die Fresken abstrakt. Was die Malerei da erzählt, nehmen wir kaum noch wahr, und die Kapelle ist auch nicht so berühmt wegen der dargestellten Heiligenlegenden, sondern wegen der Eigenart der Malerei. Fest steht aber auch, daß wir die Bilder ganz anders betrachten als Giottos Zeitgenossen, die eben nur die Geschichten sahen und mehr oder weniger unbewußt die Malerei. Wir dagegen sehen dort nur noch eine Geschichte der Malerei – sogar den Beginn derselben. Wir deuten mit dem Finger auf eine Stelle der Fresken und diskutieren über den dynamischen Ruck in der Komposition oder über die Kraft, die plötzlich die Gesten beseelt. Das sehen wir wohl. Wir konstatieren auch, wie weit Cimabue dahinter zurückbleibt und wie lasch und orthodox dessen Figuren im Vergleich dazu noch sind. Aber warum bei Giotto die Heiligen nicht mehr so versunken stehen in Gold oder Lapislazuli, das wissen wir nicht zu sagen, und das sehen wir auch nicht auf den Bildern.

Vermutungen über den Anfang müssen schon deshalb spekulativ bleiben, weil sich die Wandlung sozusagen zwischen den Zeilen vollzieht. Der Kanon wird dabei nicht angetastet. Aber eine solche stilistische Neuerung allein dem Genius des Künstlers zuzuschreiben, scheint mehr als fragwürdig. Giotto war kein Einzelgänger, er hatte Gehilfen, eine große Werkstatt, war abhängig von Auftraggebern und mußte mit deren Wünschen konform gehen.

Wir kommen aber auch deshalb bei der Forschung nach dem Grund nicht weiter, weil wir gerade diese Malerei mit dem Blick der Moderne angehen. Wir haben gelernt, daß die Entwicklung, von Giotto ausgehend, über Masaccio und die Frührenaissancekünstler direkt zur Hochrenaissance führt und in ihr ihre Vollendung findet. Diese Sicht zäumt aber das Pferd von hinten auf, das heißt, wir verfolgen den Weg immer nur rückwärts, nehmen uns also die Hochrenaissance als Fixpunkt und suchen dann, wie bei einem Puzzlespiel, in der Vergangenheit nach passenden Vorgängern. Das hat Logik. Doch übertragen wir dabei automatisch den Kunstbegriff der Renaissance auf das Hochmittelalter und implizieren, daß auch Giotto schon rein formal gedacht habe. Dies voraussetzend, fragen wir uns bisweilen sogar, warum er nicht noch weiter gegangen ist, denn es scheint ja offensichtlich in seinen Möglichkeiten gelegen zu haben, eine klar definierte Räumlichkeit zu entwerfen. Warum zögerte er also?

Wie für Cézanne die Dinge im Bild noch konkret und abstrakt zugleich bleiben und sich niemals auflösen dürfen in reine Malerei, so ist für Giotto die Wahrheit der Religion der primäre Faktor. Etwas vom Geheimnis Gottes sollte die Struktur seiner Kunst offenbaren und nicht so sehr den Raum. Etwas anderes war in jener Zeit auch gar nicht möglich, denn eine Glaubenszuversicht wie nie zuvor hatte ganz Europa ergriffen, und dieser Glaube suchte, immer wieder neu interpretiert, seinen Ausdruck.

Das Papsttum war vollständig souverän, hatte den deutschen Kaiser gänzlich entmachtet und war in Europa zur stärksten politischen Macht aufgestiegen. Konnte es ein sichtbareres Zeichen der Allmacht Gottes geben? Man lebte in so etwas wie einer indirekten Theokratie. Gottesbeweise gab es täglich, an Gottes Existenz war nicht zu zweifeln. Die Eremiten in den Wäldern und die Mystiker in den Klöstern dachten Tag und Nacht über sein Wesen nach. Erst jetzt, im Hochmittelalter, waren die antike Welt und die heidnische Naturdeutung aus der allgemeinen Empfindung verschwunden. Diese Wandlung hat mehrere Jahrhunderte gedauert.

Aus den vielen Göttern und Halbgöttern war

ein einziger Gott geworden. Während in der Antike die Götter sich liebten und bekämpften wie die Menschen und einem launischen Schicksal ausgeliefert waren, hatte sich jetzt alles auf einen einzigen Punkt reduziert. Für Meister Eckehart war Gott so groß wie der Erdkreis und gleichzeitig verschwindend klein. Ein Nichts, das auf die Geschicke der Menschen keinen Einfluß mehr nahm. »Ohne mich gibt es auch nicht Gott«, formulierte er sogar, dürfte sich allerdings damit bereits auf das Feld der Häresie begeben haben. Die Veränderung lag darin, daß Gott nicht mehr greifbar, eigentlich auch nicht mehr begreifbar gedacht wurde.

Jedenfalls muß es Giotto klar gewesen sein, daß er niemals, wie einst seine antiken und auch noch seine orthodoxen Kollegen, Gott selbst malen konnte. Die unmittelbare Darstellung Gottes wurde der Malerei entzogen. Mit der Heilsgeschichte konnte man das Unfaßliche zwar umranken, das Wesentliche selbst jedoch war mit Personen nicht mehr darstellbar. Das Wesentliche hatte sich auf das Ganze übertragen. Das Wesentliche war unsichtbar, aber wirksam. Es webte an der Welt, war enthalten in den Steinen und im Wasser und war für einen Gläubigen ablesbar in der Konstellation und im Maß.

Zeitströmungen fließen unterirdisch. Ob nun Giotto etwas von Meister Eckehart gewußt hat, soll hier nicht weiter erwogen werden. Jedenfalls waren sie Zeitgenossen, sogar die gleiche Generation: Eckehart wurde 1260 in Thüringen geboren und Giotto 1266 in der Toskana. Das mystische Denken war dem Maler jedenfalls nicht fremd, denn die Lehren der Scholastiker waren in aller Munde. Aus dem Leben des heiligen Franz hat er viele Szenen gemalt. Dessen Erweckungsmission und weltumarmende Leidenschaft waren ihm ganz nah. Entscheidender für die stilistische Revolution Giottos dürfte aber die Ungreifbarkeit der Trinität gewesen sein, zu der Gott im Denken der Mystiker geworden war. Denn wenn sich die Kunst nicht mehr auf den Pantokrator und dessen Verherrlichung konzentrieren konnte, eben weil dies nicht mehr dem lebendigen Glauben entsprach, mußte sie sich ausbreiten und alle Dinge gleichrangig in sich aufnehmen. Damit war der Weg in die Realität vorgezeichnet, ohne programmiert zu sein.

Tatsächlich nahm im Laufe der folgenden Jahrhunderte die Malerei mehr und mehr von der Wirklichkeit Besitz, doch das christliche Weltbild blieb dabei immer die Grundlage. Unserem formal geschulten Empfinden fällt es schwer, aus einer Religion, einer Geschichte oder, wenn man so will, aus Worten eine Form entstehen zu sehen. Wir gehen auf ein Werk des Piero della Francesca zu und sprechen vom Geist seiner Malerei. Doch reine Form ist diese Malerei nicht: diese surrealen Engel, die eingefrorenen Bewegungen der Figuren und die unterschwellige, schwermütige Kontemplation in der genau vollzogenen Perspektive. Der so oft beschworene Geist der Kunst war nie fest bestimmbar, vorzeigbar. Und doch, warum berührt uns jetzt der »Primitive« Piero und läßt uns Raffael kalt?

Der Geist der Kunst hat die europäische Kunst »schwer« gemacht. Er überschattete die Farben des Giorgione, mengte dem Manierismus einen Schuß Mystik bei und jedem Realismus die Abstraktion. Sein Einwirken auf die Kunst konnte verleugnet, verdrängt, aber eben nicht abgeschafft werden. Der Ursprung war oft kaum noch sichtbar. Im Barock nur noch sporadisch, etwa im Werk Vermeers oder in der »Straße von Middelharnis« des Meindert Hobbema, hier allerdings klar präsent, wenn auch ganz anders gepolt. Im 18. und vor allem im 19. Jahrhundert dann der pseudogriechische »Realismus«, wo vom Konzept des Ursprungs fast gar nichts mehr bleibt. Doch ganz verliert sich die Spur nie.

Die Kunst war in dieser Zeit, im 18. Jahrhundert, autonom geworden und stand für ihre eigene Wahrheit. In Diderots »Enzyklopädie« war die »Kunst« dann endgültig auch als Terminus selbständig geworden. Kunst war damit erst recht abgehoben und erweckte damit, wie wir heute sagen würden, eine große Erwartungshaltung.

Wir in der Nachmoderne leben ganz selbstverständlich mit der Kunst. Wir sagen, das ist Kunst, das ist Kunstgewerbe, das ist ein kunstgewerbliches Bild, das ist Kitsch. Wir haben eine hohe Meinung von der Kunst. Längst nicht alles, was sich da als Kunst deklariert, wird als solche anerkannt. Die Kriterien sind streng, aber ungenau, geben sich wissenschaftlich und sind doch korrumpierbar. Doch Kunst als Institution, als ein geistiger wie gesellschaftlicher Faktor blieb und bleibt unangetastet.

Erst in unserem Jahrhundert sollte die moderne Malerei den Versuch wagen, den Geist der Kunst selbst zu malen. Im Grunde offenbarte man damit nur das Konzept der Malerei, die Grundlagen, ebendieses vertrackte und gespannte Maß. Doch die Wirkung war überwältigend. Eine unglaubliche Dynamik entzündete sich daran. Es war faszinierend, daß sich die Kunst auch ohne den Gegenstand zeigte. Die Entfaltung dieser Kunst war freilich nur möglich, indem die Metaphysik der Kunst verbraucht wurde.

In den Augen Giottos, dessen Kunst sich formal nun tatsächlich mit dem Kubismus vergleichen läßt, wäre dieser Schritt ein Sündenfall gewesen. Nicht die Kunst zu entlarven war seine Sache, sondern mit ihr dem Geheimnis der Welt näherzukommen.

Die Moderne nahm die Kunst auseinander, zerlegte sie in Einzelteile und nahm ihr damit jede Illusion. Sie stahl den Bildern ihr Geheimnis, indem sie es offenlegte. Die Triumphe der Moderne sollen damit nicht geschmäht, ihre Leistungen nicht herabgesetzt werden. Aber so spirituell anregend die abstrakte Malerei auch war und sosehr uns heute diese Bilder auch entzükken, es war auch der Beginn eines Ausverkaufs. Keine Macht konnte diesen Prozeß aufhalten, wie sich ja auch die Verbote der Nazis und der oktroyierte Sozialistische Realismus insgesamt eher als kurze Störungen ausnahmen, die ohne jede Wirkung blieben.

Aber es war auch ein Zerfall. Es war der Zerfall eines Glaubens, einer Mystik, die in der Kunst noch bewahrt war. Inzwischen ist die Karawane längst weitergezogen, die Moderne ist selbst schon »klassisch« geworden. Und doch war es so, daß hier das »Eingemachte« geöffnet wurde, daß hier etwas verbraucht wurde, das sich nicht wieder auffüllte.

Wie schnell alles ausgelotet war! Und wie groß ist heute die Enttäuschung, daß da nichts anderes war als eine Konstruktionsgrundlage, wenn auch eine tiefgespannte. Man malte eine Enthüllung nach der anderen, und jede Enthüllung hinterließ auch eine Enttäuschung. Jedes dieser intelligenten und brillanten Feuerwerke verzehrte etwas von der Kunst. Man konnte und kann sich nicht vorstellen, daß dieser Prozeß, der die Kunst in der Kunst aufleuchten ließ wie sonst nie, ebendiese Kunst gleichzeitig auch verbrannte. Da das Hinschwinden jedoch unleugbar war, ging mit der Moderne auch immer die Verdrossenheit einher.

Heute ist alles verbraucht, nur noch ein Name steht zum Verkauf. Es zeigt sich jetzt, daß die Kunst auch ihren eigenen Untergang betreiben kann: Die Kunst verbraucht jetzt sogar ihre Grundlage, die Ästhetik. In kalter, stiller Wut zerstören die zornigen Künstler die Ästhetik. Die Schönheit in der Kunst ist der einzige Widerstand, der noch übrig ist. Häßlich ist schön. Gewalt und Ekel feiern Triumphe. Zynismus gilt als geistreich. Die läppische Imitation eines abstrakten Bildes à la Kandinsky mit der Unterschrift »Abstrakte Kunst« muß wohl einen Abgrund von Tiefsinn und Witz enthalten. Zynismus vor allem ist die Haltung, die der Akklamation sicher sein kann. Die Entdeckung, daß die Kunst, dieser Anker des Geistes, auch nur ein Phantom und alles eine Täuschung war, löst Revanchegefühle aus. Und so sägen alle fleißig an der Kunst, versuchen ihren Mut dort zu kühlen und haben doch keinen Ersatz für sie. Denn nur bezogen auf die Vergangenheit, nur in der Reibung an den großen Werken springt der Funke der Kunst auch auf das jetzige Antikunstwerk über, und auch dieses darf sich dann Kunst nennen. Allein wäre es vollkommen ohnmächtig.

Weil die Kunst jetzt nichts mehr hergibt, macht

man sich über ihre Namen her und feiert so etwas wie schwarze Messen damit. »Seht, das ist Kunst«, ruft man und verulkt die berühmten Bilder, gibt der Mona Lisa einen Bart oder stellt Kunst auf den Kopf, wirft mit Kot und Blut, malt Kunst als schwülstigen Kitsch, packt Kunst in den Müll und dreht Kunst durch den Wolf. Doch die Herausforderung bleibt unbeantwortet. Letztlich ist auch das ein Kampf gegen das Nichts.

Am Ende drängt sich doch noch ein Vergleich mit der späten Antike auf. Auch die Römer fanden damals ihre klassische Kunst abgeschmackt. Man trennte sich ohne Trauer, als die Statuen zu Kalk verbrannt wurden, und mancher war sogar froh darüber. Selbst als dann später das Elend der Völkerwanderung kam, gab es keinen Blick zurück. Die Antike war für immer vorbei. Man fragt sich bis heute, ob es der Mythos war, der diesen destruktiven Rausch ausgelöst hat, und ob er dem heutigen wohl vergleichbar war. Denn »erklärlich« im strengen Sinne ist das alles nicht.

Die Erschaffung der Wirklichkeit

GRELL BLINKT EINE NEONSCHRIFT AUF, UND DIE Nacht ist hell wie der Tag. Der Westen leuchtet verschwenderisch in allen Farben. Wir leben in expressiven Zeiten, überall begegnen wir einem übertriebenen Ausdruck: im Film, in der Werbung, und genauso hektisch gibt sich die Kunst. Das Kleine wird übersehen und das Stille nicht wahrgenommen. Die Popsänger beschwören lauthals ihre Gefühle, und funkelnd stellen sich die Stars aus der Glamourwelt des Films im Fernsehen vor.

Frauen treten uns mit violett oder schwarz geschminktem Mund entgegen, mit zinnoberroten Wangen oder mit hellgrün gehöhten Augenlidern. Weit ausladende Jacken, voller Sterne und Monde, liegen um schmale Schultern, und im Haar werden bunte Strähnen mühsam eingefärbt. Wuchtigen goldenen Schmuck trägt man am Armgelenk und metallisch schimmernde Schuhe an den Füßen. Die Herren stehen dabei nicht zurück; auch sie tragen jetzt Farbstreifen im Haar, und auch für sie ist nichts mehr tabu. So ähnlich sieht es in der Kunst aus.

Mit Verve bringen die Maler ihre Farben aufs Bild, riesige Formate entstehen in kürzester Zeit. Darüber hinaus greift der Künstler von heute auch ab und an mal zum Beil, um mit einigen wuchtigen Schlägen aus einem Baumstamm eine Plastik zu hacken. Viel Gefühl ist dabei, wenn auf diese Weise gearbeitet wird, obwohl das Resultat für die meisten Betrachter rätselhaft bleibt. Auf den Gemälden zeigt sich uns die Gestalt des Menschen immer furioser und gefährlicher, entweder in einem entfesselten Discorausch oder dräuend und kriegerisch.

Der Expressionismus feiert nun schon seit einigen Jahren Urständ. Seine Rückkehr ist so vehement, daß das Original dagegen ziemlich harmlos wirkt. Nach Fotorealismus, Kritischem Realismus und Sozialistischem Realismus jetzt also wieder Expressionismus, und zwar großformatiger und wilder denn je. Die Kunst gibt sich so rauschhaft wie das Leben, und der Signalcharakter ist dabei anscheinend unabdingbar. Unerhörtes soll gezeigt werden, und dafür ist man fast alles zu opfern bereit. Man beruft sich auf ehrwürdige Vorläufer: Lovis Corinth wird ins Feld geführt, der Schweizer Maler Louis Soutter – 1942 gestorben – wird wieder aus der Versenkung geholt, dann natürlich Edvard Munch und die deutschen Expressionisten, Ludwig Kirchner vor allem. Ganz oben aber rangiert van Gogh.

Die »Rückkehr des Giganten« nannte Rainer

Fetting eine seiner Ölskizzen, auf der der Meister von Arles mit gelbem Hut und Stock und ebenso schreitend wie auf dem berühmten Bild »Auf der Straße nach Tarascon« zurückkehrt in die Jetztzeit, hereingeholt in unsere Science-fiction-Welt, hineingewünscht in Video und Sex und Crime und Jet-set. Hier flechten ihm nun die wilden Maler von heute die Kränze, die er im Leben nicht erhielt, Huldigungen und Verehrungen wie einem Halbgott werden ihm zuteil. Doch ob sich van Gogh da wiedererkennen würde, ist fragwürdig. Denn was aus dem Expressionismus geworden ist, dürfte mit dem, was er sich darunter vorstellte, kaum noch etwas gemein haben.

Ende Februar 1886 macht sich van Gogh aus Nuenen in Südholland auf, um über Antwerpen nach Paris zu ziehen. Dort wird er die neue Kunst des Impressionismus kennenlernen und zu seinem endgültigen Stil finden, zu den offenen Farben und den kurzen Pinselzügen. Das Lichte wird jetzt immer deutlicher in seiner Malerei, und das Dunkle der holländischen Zeit verschwindet ganz. Die »Stiefel« und der »Fabrikhof« sowie der »Père Tanguy« entstehen hier. Nach genau zwei Jahren, im Februar 1888, zieht van Gogh weiter nach Arles in die Provence. Hier wird er heraustreten aus der Verborgenheit. Hatte er noch 1881 aus Etten geschrieben: »Mancher hat ein großes Feuer in seiner Seele, und niemand kommt jemals sich daran zu wärmen, und die Vorübergehenden gewahren nur ein klein wenig Rauch über dem Schornstein und sie gehen ihres Weges von dannen», so sollte er nun brennen wie eine Magnesiumfackel.

In Arles lebt van Gogh 14 Monate, in der Anstalt von Saint-Rémy bleibt er ein Jahr und in Auvers-sur-Oise noch von Mai bis Juli 1890. Nehmen wir die zwei Jahre der Pariser Zeit hinzu, so entsteht sein wesentliches Werk, rund 580 Gemälde, in viereinhalb Jahren – ein atemberaubendes Tempo.

Die Bilder werden in allen gesellschaftlichen Schichten gleichermaßen geliebt und geschätzt. Seinen auf einem Kalenderblatt reproduzierten »Sämann« betrachtet die Arbeiterin genauso zustimmend wie ein von weit angereister Kunsthistoriker das Original bei Bührle in Zürich. Da ist kein Unterschied im »Verstehen«. Van Goghs Kunst ist so selbstverständlich, wie es in der Moderne selten ist. Alle kennen ihn. Alle lieben ihn. Mit seinen »Sonnenblumen« und »Schwertlilien«, mit seinen wirbelnden Sternen und ernsten Selbstbildnissen eroberte er jedes Haus.

Seine Kunst ist jedoch nicht so »leicht« und »harmlos«, wie es der erste Anschein vermittelt, auf lange Sicht propagiert sie Entwurzelung. In ihren letzten Tiefen ist sie gottlos, nicht einmal mehr pantheistisch. Van Gogh schreibt: »Wohl kann ich im Leben und auch in der Malerei ohne Gott auskommen, aber ich kann nicht ohne et-

Am Rande von Halluzinationen und immer dem Wahnsinn nahe, so segelte er dahin.

Van Gogh: Der Maler auf dem Weg nach Tarascon, Öl auf Leinwand, 1888 (ehemals Museum Magdeburg; verschollen)

was Größeres als mich selbst auskommen, was mein Leben, meine Schaffenskraft bedeutet.«

Vor gut hundert Jahren begann mit diesem Mann der Expressionismus. So wie er sich auf dem Weg nach Tarascon malte, hat es begonnen: mit einer auf den Rücken geschnallten Staffelei und Leinwand, die Malutensilien im Tornister, im blauen Arbeitsanzug und mit Strohhut, so zog er hinaus vor das »Motiv«. In den Feldern der Provence fand er zum Expressionismus, indem er mit brennendem und trotzdem sicherem Auge die Landschaft wie in Flammen sah. Am Rande von Halluzinationen und immer dem Wahnsinn nahe, so segelte er dahin, wenn er in der sengenden Mittagsglut stand; in der Intensität seiner Gefühle Franz von Assisi ähnlich, aber auch Friedrich Nietzsche.

Wir müssen uns vergegenwärtigen, daß van Gogh die Dinge letztlich so sah, wie er sie gemalt hat: Er sah die Zypressen wie Zungen gegen den Himmel, den kreisenden Mond in der Nacht und den kleinen, im Feld wühlenden Schnitter, der da, auf den Bildern, im blauen Overall ankämpft gegen das Gelb und Ocker des Kornfeldes. Auch in seinen Briefen findet sein neues Sehen mehrfach Erwähnung. An Theo schreibt er aus dem an der Küste gelegenen Les Saintes Maries: »Der tiefblaue Himmel war von Wolken gesprenkelt, die tiefblauer waren als die blaue Grundfarbe eines kräftigen Kobalts, und andere hellblauer als das bläuliche Weiß der Milchstraßen. Im blauen Hintergrund funkelten die Sterne, grünlich hell, gelb, weiß, von hellerem, rosigem Schimmer, diamantfarbener als selbst die Edelsteine bei uns in Paris – es darf also gesagt werden: Opale, Smaragde, Lasursteine, Rubine, Saphire. Das Meer tief ultramarin – der Strand in violetter und rotbrauner Tönung, wie mir schien, mit Sträuchern auf der Düne... preußischblauen Sträuchern.« Und etwas später: »Ich kann nichts dafür, aber ich fühle mich so hellsichtig.«

Wir alle kennen, wenn auch vielleicht nur für kurze Zeit, solche Stimmungen. Eine Landschaft besteht dann nicht mehr nur aus Wolken und Meer oder aus Bäumen und Bergen, sondern bekommt plötzlich einen übersteigerten Ausdruck, der uns in jene jubelnde Entrücktheit versetzt, die hier gemeint ist und die uns schlagartig einen anderen »Sinn« des Daseins zeigt. Dieser Zustand geht leider meist schnell vorüber, und bald hat uns die Normalität wieder eingeholt. Nur vage Erinnerungen bleiben zurück und fallen tief ins Unbewußte; sie steigen vielleicht auf beim Anblick eines Bildes, welches die Sprache des vergangenen Augenblickes spricht.

Van Gogh jedoch sah die Welt immer so erfüllt und intensiv, und er wollte sie so sehen. Er war aus dem Holz geschnitzt, aus dem die Heiligen sind. Tatsächlich hat er ja auch versucht, zunächst in England und später dann im Elend der

Borinage, Prediger zu werden. Doch obwohl er buchstäblich sein letztes Hemd verschenkte, kam er nicht an; es fehlte ihm wohl die Fähigkeit zur Agitation, die jeder gute Prediger haben muß. Wir können aber davon ausgehen, daß van Gogh in seinen letzten Jahren fast ununterbrochen in Ekstase lebte, die Arbeiten zeugen davon, aber auch die Briefe. Alles was er sah, war für ihn mit Energie geladen: Wie gepolte Flächen, mal gepunktet und mal gestrichelt, dann wieder in Spiralen, zeichnet er die Dächer der Häuser, die Felder, die Bäume, die Wolken. Alles bekommt eine quirlende Energie, nichts steht stellvertretend für eine andere Wirklichkeit. Gott ist überall und damit auch gleichzeitig nicht. Als ein brennendes Buch sieht er die Welt, überall und in jedem Sujet ist für ihn Sinn, es gibt nichts Belangloses mehr: Ein Stuhl hat in seiner Kunst den gleichen Stellenwert wie ein Zimmer, ein Haus oder der Briefträger Roulin. In der Apokalypse verschlingt der Engel das brennende Buch, so beginnt für Johannes die Offenbarung. Doch van Gogh liest weiter in seiner Landschaft – bis an sein Ende.

Er hinterließ uns die Dinge anders, als sie waren. Seitdem hat sich unser Sehen verändert. Seitdem er sich gemalt hat, wie er sich anstarrt, mit grünem Gesicht vor hellblauem Grund, können wir Nachfolgenden uns auch grün sehen, den Himmel auf einmal rot, die Aktmodelle violett und das Meer rosa. Wir können jetzt so malen, als ob wir all das so aufgewühlt und farbig sähen wie van Gogh. Wir tun so, als lebten wir in Leidenschaft, und malen die Fensterrahmen blau und den Fußboden orange – ohne Gefahr. Keiner muß dabei fürchten, verrückt zu werden. Wir haben uns an den Expressionismus gewöhnt und vollziehen etwas Wahnsinniges ohne Wahn und etwas Leidenschaftliches kalt. Wir können uns verstellen, und keiner wird es merken.

Für van Gogh jedoch war das anders, er hat für sein Ignorieren der Realität, für seine Eskapaden in eine unberührte Zone bezahlt. Es wäre naiv zu glauben, daß sich seine Malerei auch über den Intellekt hätte entwickeln lassen. Bei all seinem Wissen über die Malerei: auf die wabernden Zypressen vor dem tanzenden Firmament wäre er gedanklich nie gekommen. Wie in wachsenden Ringen, die von Mal zu Mal glühender wurden, schuf er Bild auf Bild. Doch er selbst nahm dabei ab, wurde schlaflos, mager und verwirrt und trieb auf den zeitweiligen Wahnsinn zu.

An dem Werk van Goghs zeigt sich exemplarisch, wie Kunst aus dem Erleben entsteht. Sein gelebter Existentialismus führte ihn entgegen aller Konvention und allen Normen und Regeln zu seiner Kunst. Wir verstehen sie heute besser als alles andere, was die Moderne zu bieten hat. Wir sehen vor allem die »Kunst« in seinen Bildern, das heißt, wir sehen vornehmlich das in

Kunst umgesetzte intensive Gefühl. Doch seine Kunst birgt auch eine große Gefahr, nämlich die Gefahr, sich zu verlieren, sich etwas vorzumachen.

Aber auch der Verlust an Realität ist in den Werken van Goghs letztlich größer als bei der Abstraktion. Dies klingt angesichts des Kubismus, Konstruktivismus und des Informel abstrus und weit hergeholt. Denn der Expressionismus entfernt sich ja erst ganz zum Schluß von der Gegenständlichkeit, blieb immer am Sujet und war nie richtig abstrakt. Doch dieser Eindruck ist irreführend, denn hier schlummert die geistige Auflösung der Malerei, ja die Aufgabe der gesamten abendländischen bildenden Kunst. Cézanne ist gegenüber van Gogh fast ein Bewahrer. Van Gogh und Cézanne sind Antipoden. »Ja, wirklich, Ihr malt wie ein Besessener«, sagt Cézanne, als er zum ersten Mal van Goghs Bilder sieht.

Die Welt ist für van Gogh nur Vorwand, nicht Wirklichkeit, denn Wirklichkeit ist nur er. Er bestimmt auch, geleitet von seiner Leidenschaft, wie die Wirklichkeit aussehen soll, verbiegt die Dinge nach seinem eigenen Bilde und baut sich so ein Haus in den Lüften. Ein zitronenfarbiger Hintergrund wird zur Realität, kraft visionärer Sicht zu einer neuen Wirklichkeit. Er war tatsächlich besessen, und aus dieser Besessenheit schuf er die Bilder, vor denen wir so bewundernd stehen. Etwas ganz Phantastisches ist durch ihn für uns zur Wirklichkeit geworden. In der größten Aussichtslosigkeit durchstieß ein Mensch die Realität, ein Maler erkannte in der Banalität der Dinge eine höhere Dimension, in ein paar alten Schuhen die ganze Geschichte eines Lebens, die mühevollen Wege, die sie gegangen waren. Keiner der frühen Modernen hat sich von den geltenden Normen so weit entfernt wie van Gogh. Für fast alle Maler seiner Zeit war seine Kunst zu radikal, sie reagierten meist ziemlich ratlos, und selbst Ambrosius Vollard wurde eines Tages unsicher – Jahre nach van Goghs Tod – und verkaufte, weit unter Preis, alle Bilder, die er von ihm besaß, an die Galerie Rosenberg.

Bei allen Spekulationen, denen die Moderne, angefangen mit dem analytischen Kubismus bis weit ins Informel hinein, nachging, blieben die Gefühle erst einmal ausgeklammert. Ganz auf der Linie Cézannes, orientierte man sich vornehmlich ästhetisch, beurteilte die »Peinture«, aber nicht so sehr das, was der Künstler ausdrücken wollte. In der »Spätmoderne« war dieser Zweig dann etwas für Spezialisten geworden, man stritt sich mehr oder weniger sprachgewandt darüber, was in einem monochromen Bild zu sehen sei.

Der Expressionismus dagegen ist immer in Gefahr, die »Peinture« zu vernachlässigen, das zeigt sich erst jetzt deutlich. Ferner ist die Verirrung und Verwirrung des Gefühls und auch der Weg zum Kitsch nicht weit. Von den Fauves bis hin zu den »Heftigen« war man nie versucht, malend das Wesen der Dinge, das Gesetz der Malerei, Strukturen zu finden, sondern immer nur sich selbst. Die expressive Realität reißt mit durch die Intensität, mit der sie vorgetragen, und wird glaubhaft durch die Dichte ihrer Leidenschaft. Aber das kann auch nur vorgespielt sein.

Nach van Gogh traten weitere große Maler auf, die auf seiner Malerei aufbauend die Idee des Expressionismus vorantrieben. Ein weiter Bogen spannt sich von den Fauves und Soutine, von Munch über die Maler der Brücke bis hin zu Bacon, Maryan und Nolan, von der Jahrhundertwende, als sich die Kunst van Goghs immer mehr bemerkbar machte, bis in unsere Zeit. Und immer nahmen die expressiven Maler die Wirklichkeit auf und formten sie nach ihrer Vorstellung um, machten Bilder ihrer Obsessionen oder ihrer Ängste daraus.

Nach van Gogh traten weitere große Maler auf, die auf seiner Malerei aufbauend die Idee des Expressionismus vorantrieben. Ein weiter Bogen spannt sich bis hin zu Bacon.

Francis Bacon: Studie für ein Porträt von van Gogh IV, Öl auf Leinwand, 1957

Der elektrische Mann

ER WAR ALLES ANDERE ALS EINFACH. ER WAR LAUT, aufdringlich und rechthaberisch, eigensinnig und unbelehrbar. Er brachte alles durcheinander, war unordentlich bis schlampig, verursachte Katastrophen, trank und rauchte viel und hinterließ überall heillose Verwirrung. Er führte ein wüstes Leben, unstet und unerfüllt, fühlte ständig Schuld und Versagen, gab jede Stellung wieder auf und stand überhaupt immer im Gegensatz zu seiner Familie und zur Gesellschaft – das Leben eines Außenseiters. Einsam war er, jedenfalls meistens, und geplagt von der immerwährenden Sorge um das bißchen Geld zum Leben. Dazwischen die Exzesse mit dem Absinth, das übermäßige Rauchen. Und dann die ihn immer erfüllende Ekstase. Sie allerdings war sein Genie. Die Ekstase machte ihn zum Maler, sie hat ihn ergriffen, in Besitz genommen; ihr war er vollkommen ausgeliefert.

Er war anders als alle anderen und war es immer schon; Madame Homcoop, ehemals Dienstmädchen und Kinderfrau der van Goghs, erinnerte sich noch rund fünfzig Jahre später an ihn, an das Kind Vincent, welches so aus der Art geschlagen, so schwierig war: »Vincent hatte etwas Sonderbares an sich, er war sehr kindisch und nicht wie die anderen, überdies hatte er ›urige‹ Manieren.«

Die Leidenschaft war sein Fluch und seine Bestimmung, sie machte ihn so unpassend für diese Welt, trieb ihn so oft in blinde Raserei und machte ihn – Jahre nach seinem Tod – zum berühmtesten Maler der Moderne. Für den postumen Ruhm hat er bitter bezahlt, zu seinen Lebzeiten bekam er nichts. Er setzte sich ein, heftig, fordernd, genial und unermüdlich, aber es bewegte sich da nichts auf der Waage des Lebens zu seinen Gunsten. Es war ein verzweifeltes Leben, ohne Anerkennung und ohne wirkliche Aussicht auf Anerkennung. Im bürgerlichen Sinne war er unnütz, in den Augen der Kollegen war sein Talent vertan, von der Familie wurde er mit Sorge bejammert, die Frauen mochten ihn nicht, und die Kinder auf der Straße in Arles lachten ihn aus.

Aber er war nicht ganz allein. Ohne den Bruder Theo wäre es bald mit ihm zu Ende gewesen. Nicht nur die monatlichen 150 bis 200 Franc, die er ihm schickte, sind hier gemeint; der Bruder war wohl der einzige, der objektiv kritisch die Größe Vincents sah. Theo muß ein unglaubliches Auge gehabt haben. Wahrscheinlich wird seine Pionierarbeit an der Moderne immer unterschätzt bleiben. Jeder Maler weiß, wie schwer der Anfang ist, und hier ist zunächst einmal als Wegbereiter Theo van Gogh, Angestellter der Kunsthandlung Goupil, zu nennen, der unermüdlich half und der nie schwankte.

Auch Vincent van Gogh glaubte an seine Kunst. Er war sich zwar bewußt, wie verschieden sie war von dem, was um ihn herum gemalt wurde, aber er kannte ihre Wahrheit. Es ist nicht leicht, sich vorzustellen, was in einem Maler vorgeht, der über Jahre Bilder »auf Verdacht« malt. Mag er auch täglich an ihnen bestätigt finden, was er meint, und genau das verwirklicht sehen, was er sich wünscht, so ist damit noch nichts über das Empfinden der anderen gesagt.

Gerade die Bilder van Goghs erfuhren die wunderbare Metamorphose von völliger Unverständlichkeit und brüsker Ablehnung bis hin zum enthusiastischen Schwärmen. Aus der totalen Verkennung wurde die totale Anerkennung. Und aus dem verachteten Maler wurde ein Mythos, so riesengroß, wie es in der Kunst der letzten hundert Jahre keinen zweiten gegeben hat.

Aus dem Wüstling wurde ein Heiliger, dem unsere heutigen Intellektuellen in allem beipflichten. Ein Heros, dem im Rückblick auch der Wahnsinn verstehend verziehen wird. Es wird sogar darauf verwiesen, daß Theo doch ein wenig fehlte, jedenfalls am »Genie« vorbei handelte, wenn er auch noch die darbende Mutter in Holland unterstützte. Gemeint ist damit wohl, außer dem genialen Bruder hätte er keinem anderen opfern dürfen.

Der Verstiegenheit, rückwärtsgewandt, sind keine Grenzen gesetzt. Man versteht heute Vincent und seine Malerei ganz und gar und vor allem den Menschen van Gogh. Ja, wäre man damals nur dabeigewesen, dort in Arles im »Gelben Haus« oder in Auvers-sur-Oise, so der unterschwellige Tenor, wie hätte man doch mit ein paar passenden Worten da eingegriffen. Eine seltsame Verkennung der Umstände.

Aber was hat uns nur so umgedreht, was war damals auf den Bildern nicht zu sehen, was wir heute sehen?

Im März 1889 besucht Signac auf der Durchreise Vincent in Saint-Rémy und ist überrascht, anstatt eines Irrsinnigen einen Mann »voller Vernunft« vorzufinden. Van Gogh zeigt ihm seine Bilder, und Signac ist begeistert. »Welch eine Pracht«, soll er gerufen haben und von Bild zu Bild gegangen sein. Doch an Theo schreibt er dann: »Ich habe Ihren Bruder bei bester seelischer und körperlicher Gesundheit vorgefunden. Er zeigte mir seine Bilder, von denen mehrere recht vorzüglich und alle sehr eigenartig sind.« Signac ist also nach dem Anschauen der Bilder wieder etwas unsicher geworden und schränkt die erste Begeisterung so ein, daß ein Vorbehalt deutlich wird.

Wir können sicher sein, hier ein Urteil vor uns zu haben, das nicht von Neid getrübt ist, denn als Rivalen brauchte Signac van Gogh nicht zu fürchten. Aber irgend etwas muß ihn doch irritiert haben, im nachhinein, den Maler, der, auf den ersten Blick, verwandte Stilelemente gebrauchte und von dem angeregt van Gogh zwei Jahre zuvor, noch in Paris, seinen Schwenker zum Pointillismus vollzog. Nur einige Bilder hat van Gogh so gemalt, dann entwickelte sich daraus alsbald sein eigener Stil. Die reizvollen Tupfer der Pointillisten verwandeln sich in energiegeladene kurze Pinselzüge. Eine ganz unmalerische Technik, denn er beginnt seine Gemälde wie ein Zeichner. Wie bei seinen Rohrfederzeichnungen füllt er die Flächen mit harten Strichen, oder er punktet – was damals ganz kühn war und auch noch von heutigen Malern als neueste Erfindung vorgestellt wird –, manchmal macht er auch kleine Spiralen, Kringel oder Kommata. In dieser späten Zeit streicht er die Fläche niemals zu, sondern die Bilder verdichten sich Zug um Zug oder Punkt um Punkt. Das machte er übrigens ganz schnell, oft brauchte er nicht mehr als eine halbe Stunde für eine Arbeit. Das fertige Bild hat eine Oberfläche wie Baumrinde, es ist fast ein Relief, die Farbe liegt opak auf, relativ einfach, ohne Zwischentöne, brodelnd zwar, leuchtend, stark, aber eben ohne Raffinement. Das Ergebnis hatte keinen Bezug mehr zur französischen Peinture. Von hier aus konnte keine Brücke mehr zu Poussin oder zu Velázquez geschlagen werden wie bei den Impressionisten, und das konnte Signac nicht gefallen.

Das Neue, das Barbarische in van Goghs Bildern zog Signac an, und es stieß ihn ab. Einerseits begeisterte ihn die Wucht der Aussage – und die wird damals noch viel stärker gewesen sein, als sie auf uns heute wirkt –, andererseits schreckte ihn die Primitivität, die offene, ungeschützte, auch uneingeschränkte Farbe. Dann fehlten ihm wohl auch die eingestreuten Zwischentöne, die er selbst, als Pointillist, so gut beherrschte und die so wunderbar auch bei Gauguin aufleuchten.

Van Gogh war sich der Zumutung bewußt, die er an die Sehgewohnheit stellte. Allein sein Zitronengelb, das auf dem Porträt der Madame Ginoux den ganzen Hintergrund überzieht, war eine harte Probe für ein damaliges Malerauge. Aber er war nicht fähig, sich anzupassen. Alle Bilder gerieten ihm expressiv, und zwar gegen seinen Willen. So wie die Propheten im alten Israel das Wort oft gegen ihren Willen verkünden mußten, so mußte er malen: getrieben und besessen, in rasender Eile.

Vincent verehrte Renoir und glaubte Monticelli nachzueifern, er liebte Gauguin und versuchte ernsthaft, sein Schüler zu sein: Auf dem Bild

»Der Spaziergang in Arles« kommt er ihm nahe, wird dekorativer, bringt die klingenden Zwischentöne, grob zwar und längst nicht so raffiniert wie Gauguin, aber er bringt sie – und bricht dann doch wieder aus. Nach Gauguins Abreise wird seine Malerei noch flammender, noch direkter, es schrauben sich jetzt die Zypressen in den Himmel, und es kreisen die Sonne, der Mond und die Sterne.

Der heutige Betrachter sieht ganz anders als der damalige. Wir haben uns verändert. Wir sehen jetzt alles sonnenklar, sind die modernen Malweisen gewöhnt, aber damals war es ein verbotenes Gefühl, welchem sich Vincent van Gogh da auf seinen Bildern hingab. Es war die zum Ausdruck gekommene Raserei, hier zum ersten Mal fixiert, und sie war abstoßend. Die Malerei war schamlos, würdelos, zerstörerisch und damit auch häßlich. Der Maler verherrlichte in seinen lodernden Kornfeldern vielleicht noch die Landschaft, meinte aber eigentlich nur sich.

Diese Ekstase hatte nichts mehr mit den Verzückungen der Heiligen zu tun, die nur in Gott und mit Gott ihren Rausch feierten und deren Visionen vornehmlich auf das Himmlische gerichtet und von daher gerechtfertigt waren. Auf diesen Bildern drehte sich alles um den Maler Vincent auf dem Felde und die ihn umkreisende Landschaft. Der Maler überträgt seine Gefühle auf die Landschaft, und diese lodert ihm zurück in Gelb und Türkis, Orange und Blau. Wer vermag da noch zu trennen, wo Vincent das Gefühl auf das Objekt überträgt und wo er tatsächlich so zu sehen anfängt? In seinen Briefen beschreibt er die Landschaft genauso expressiv, wie er sie malt. Es war für ihn nur ein kleiner Schritt von der Wirklichkeit zur Einbildung.

Jedenfalls empfanden die Schwestern von Saint-Rémy ganz richtig, daß es verboten war, sich solchem Wahn hinzugeben. Sie sahen in ihm den gutmütigen Menschen, den hilfebedürftigen Kranken, aber auch den Renegaten, und zwar den Renegaten einer ganzen Gesellschaft. In Saint-Rémy hat man zwischen dem Patienten van Gogh und dem Maler Vincent einen Unterschied gemacht und den abtrünnigen Maler nicht mit Samthandschuhen angefaßt. So ist überliefert, wie Vincent dem Chefarzt Dr. Rey das Bild »Der Krankensaal« schenken will und dieser ablehnt. Dem gerade vorbeigehenden Apotheker ruft er zu: »Wollen Sie dieses Bild, das Vincent mir geben will?« Und dieser antwortet: »Was soll ich mit dieser Schweinerei anfangen?« Das Bild landet schließlich beim Verwalter, und der findet es wenigstens merkwürdig.

Aber auch viel Verachtung ist in den Bildern van Goghs. Alle Formen sind nur noch Gefühlsträger. Auf alles überträgt er sich, alles verbiegt er, biegt es sich zurecht, läßt keinem Ding seine Dinghaftigkeit. Seine Wirklichkeit ist nur noch

Wahn. Seine Farben sind hell wie die Sonne, aber sie verneinen die Tatsachen.

Der Expressionismus van Goghs ist niemals überholt worden; die Nachfolger haben ihn nicht einmal mehr erreicht. Es fehlt hier das Opfer. Die Fauves bleiben allesamt, jedenfalls mit ihm verglichen, dekorativ. Munch und die Maler der Brücke haben dann doch nicht seine Härte: eine unerbittliche Festigkeit, die zurückzuführen ist auf die Ausweglosigkeit seiner letzten Jahre. Es gibt einige, die an ihn herankommen, aber im Grunde unterscheidet sich van Gogh durch seine Unbedingtheit von allen anderen.

An die Malerei war er auf Gedeih und Verderb gefesselt, ihr konnte er nicht entfliehen. Außerhalb von ihr gab es für ihn schon keine Lebensmöglichkeit mehr. Das Ausgeliefertsein an seine Kunst war sein Leben, und sein Leben ist mit seinem Werk ganz und gar verbunden. Ohne dieses unglückliche Leben gäbe es das Werk van Goghs nicht, und wenn wir von diesem Leben nichts wüßten, verständen wir die Bilder nicht so leicht. Es war genauso, wie man sich das Leben eines Künstlers vorstellt, und als es spät nach seinem Tode bekannt wurde, ließ es den Mythos »van Gogh« entstehen.

Man wagt es kaum, sich hinter einer mythischen Figur den Menschen vorzustellen. Geschichten, Legenden, Filme und Bücher verstellen uns die Sicht auf den Mann. Von Jahr zu Jahr wird er etwas mehr verherrlicht, wächst er zu einer Riesengestalt heran. Ziemlich groß und grobknochig soll er gewesen sein, was nach Aussagen der Zeitgenossen aber nicht stimmt. Er war auch nicht in dem Sinne intellektuell, wie wir es verstehen, er war ohne jede Taktik. Van Gogh war rothaarig, eher klein als groß, gedrungen und hielt den Kopf schief nach vorn gebeugt beim Gehen. Im Umgang mit Menschen fast scheu, war er in der Unterhaltung zänkisch, sagte jedem sofort seine Meinung, wurde rot, wenn man ihm widersprach, war dann vollkommen unbeherrscht, schrie, bevor er hinausrannte.

Der Maler A.S. Hartrick erinnert sich noch 1939 folgendermaßen an ihn: »Er hatte eine außerordentliche Art, wenn er einmal in Gang gekommen war, Sätze auf holländisch, englisch und französisch herauszusprudeln, dann warf er einem über seine Schultern weg einen Blick zu und zischte durch die Zähne. Wenn er so erregt war, sah er in der Tat mehr als nur ein bißchen irre aus; zu anderen Zeiten konnte er mürrisch sein, als wäre er voller Argwohn. Ehrlich gestanden glaube ich, daß die Franzosen ihn vor allem deshalb höflich behandelten, weil sein Bruder Theodor bei Goupil und Co angestellt war und also Bilder kaufte ...« Mag der letzte Satz auch vom Neid des unberühmt Gebliebenen geprägt sein, so gibt die Aussage doch einen Begriff von van Goghs Stellung in der Pariser Künstlerschaft.

Zu einem normalen Berufsleben war er nicht imstande. In der Buchhandlung Blussé und van Braam in Dordrecht – eine Stelle, die ihm sein Onkel besorgt hatte – war er nicht fähig, ein Buch zu verkaufen, und beschäftigte sich lieber mit Bibelübersetzungen, die er an dem Stehpult anfertigte, an dem er sich eigentlich der Buchhaltung widmen sollte. Er scheiterte in jedem Job, den man für ihn auftrieb. In Paris lebte er dann, das Berufsbild des freien Malers vor sich, bei Theo, dessen Wohnung er alsbald in ein heilloses Chaos verwandelte. Noch nachts wurde Theo mit Vincents Kunsttiraden überschüttet und war alsbald mit seinen Nerven am Ende.

Vincent rauchte und trank viel, aß dagegen wenig. Die Selbstporträts aus Arles zeigen ein dreieckiges, ausgezehrtes Gesicht. Schon in Paris muß er zuviel getrunken haben. Er schreibt an Theo: »Was das zu viele Trinken angeht ... ob das schlecht ist, weiß ich nicht.« Absinth und Cognac sind seine Lieblingsgetränke, und ein Absinthglas fliegt dann auch an Gauguins Kopf vorbei, nach einer der typischen heißen Diskussionen, am Abend vor Ausbruch der Krankheit. Dr. Rey führt seine Krankheit auf körperliche Auszehrung zurück. Doch die mit den Anfällen verbundenen Krämpfe lassen vermuten, daß auch das Gift des Wermuts im Spiel war. Signac erlebt es während jenes denkwürdigen Besuches, daß Vincent am Abend plötzlich eine Flasche Terpentin zum Munde führt. Er hält es für besser, ihn danach zur Anstalt zurückzugeleiten.

Und wenn es so wäre? Wenn er sich seinen zeitweisen Irrsinn auch noch selbst eingebrockt hätte durch unvernünftiges Fasten und Absinthtrinken, wenn also nicht das Schicksal allein ihm so schrecklich mitgespielt, sondern er selbst auch seinen gehörigen Anteil daran hätte? Würde der so einmalige und untadelige Mythos vom armen Vincent wanken, wenn Züge von Selbstzerstörung das Bild trübten?

Der Mythos hat Vincent van Gogh in Höhen des Ruhms gehoben, wie er es sich niemals hätte träumen lassen. Doch zu Lebzeiten sprang kein Funke über von seinen Bildern auf das Publikum. Ein einziges Bild wurde zu seinen Lebzeiten verkauft, für 400 Franc an eine Kollegin in Brüssel. Die launische Fortuna gab das Glück auch nach seinem Tode nicht frei, der Mythos öffnete den Kunstkennern nicht die Augen. Noch 1903 sollte in Breda der Trödler Couvreur für zweieinhalb Gulden einen ganzen Wagen voller Zeichnungen erstehen und davon an die hundert sofort zerreißen und wegwerfen, weil er sie für wertlos hielt.

Der große Ruhm beginnt erst nach der Jahrhundertwende. Meyers Lexikon von 1907 nennt ihn noch nicht, erst im Supplement von 1909 wird er, dann allerdings schon ausführlicher, gewürdigt. Im Jahre 1914 werden die Briefe an Theo veröffentlicht. So lange waren Experten wie Laien mit Blindheit geschlagen; dann endlich war van Gogh zur Entdeckung frei.

Wie gesagt, wir sind heute den Umgang mit dem Expressionismus gewöhnt. Es ist längst kein Sakrileg mehr, einen Körper blau oder zinnober zu malen. Wir können expressive Bilder mühelos lesen. Wir führen eine mehr oder weniger gesicherte Existenz und betrachten mit hedonistischer Gefälligkeit den Expressionismus. Das Innere muß nach außen gekehrt werden. Wir wollen das totale Gefühl, und in der Kunst wird es uns gezeigt. Doch das Erleben ist schal geworden.

Am Ende hat die van Goghsche Kunst mehr Verwirrung gestiftet als die der Kubisten. Sie hat unsere Gefühle durcheinandergebracht. Van Gogh hat eine Wüste des Gefühls hinterlassen, die zur Auflösung aller Werte führte. Seither sind wir wie Don Quichotte, der viel von Rittern, schönen Damen und großen Taten las, aber bei der Umsetzung seiner Ideale so lächerlich scheiterte. Wir kennen das große Gefühl durch van Gogh, aber wir können es nicht leben.

Nichts ist umkehrbar und nichts kann zurückgedreht werden in der Kunst. In allen unseren Handlungen ist Schuld, doch am wenigsten ist sie diesem Maler auf dem Wege nach Tarascon anzulasten, der auf dem Rücken sein Malgerät trägt. Und wieder streift uns der van Goghsche

Mythos: Das Original verbrannte in den letzten Kriegstagen in Magdeburg, nur als Reproduktion diente es etlichen Malern zur Modifikation.

Schauen wir dem Maler im Blaumann noch einmal nach. Er hat es sehr eilig, zu seinem Motiv zu kommen, denn er ist voller Arbeitswut. In der Arbeit will er seine Bestätigung finden, aber von Bild zu Bild wird er statt dessen nur rastloser. Wie eine Fata Morgana narrt ihn die Kunst, verspricht ihm Erfüllung und steckt das Ziel dann doch wieder weiter und weiter. Lebensklug, kontemplativ oder gar weise ist er nicht; dafür um so mehr ein Mann der Tat, »ein Mensch mit Elektrizität geladen«, schreibt er von sich.

Jetzt ist der blaue Mann schon weit hinten in der Allee, wir haben nur wenig von ihm wahrgenommen, hier auf dem Bild, denn aus der Ferne sieht man nur den Rauch, aber nicht das Feuer.

Mit der Pranke des Löwen

KEIN DEUTSCHER MALER, KIRCHNER VIELLEICHT
ausgenommen, ist mit van Gogh zu vergleichen.
Sie wirken gegen ihn alle ein wenig bieder und
sind, wie zum Beispiel Hans von Marées, eher
damit beschäftigt, die »endgültige Form« zu erreichen. So hehre Ziele hemmen natürlich die
Produktivität, zersplittern die Persönlichkeit bis
zur Depression und führen schließlich den totalen Stillstand herbei. Der Maler malt dann nicht
mehr, sondern denkt nur noch über das zu Ma-
lende nach. Trotzdem erfahren alle diese Künstler in Deutschland eine große Achtung. Ein so furioser Mann wie »Vincent« hätte die bedächtige
deutsche Künstlerschaft vollkommen durcheinandergebracht, aber wahrscheinlicher ist, daß er
gar nicht erst wahrgenommen worden wäre.
Denn so wie er in seinem Schafspelz durch Paris
lief und auf Pissarro und Toulouse-Lautrec ein-
redete, so wäre er auch in Berlin aufgetreten,
aber hätte man ihm hier überhaupt geantwortet?

Auch mit der Farbe waren die deutschen Maler
vorsichtiger als die französischen. Man war es

gewohnt, ein Gemälde genau vorzuzeichnen und dann die Farbe aufzubringen. Das hat eine lange Tradition. So erklärten schon die italienischen Kollegen Albrecht Dürer bei seinem zweiten Aufenthalt in Venedig, 1506, daß seine Stiche und Zeichnungen zwar exzellent, seine Malerei jedoch »gefärbelt« sei. Man meinte damit, daß er mit der Farbe die Vorzeichnung nur ausfülle, sie aber nicht wie Giorgione, Palma Vecchio und Tizian als Ausgangsbasis nehme. Dürer hat die venezianische Art der Malerei nicht übernommen. Auch in den folgenden Jahrhunderten blieb eine pastose Malerei den Deutschen – bis auf wenige Ausnahmen – fremd. Eine gewisse spröde Steifheit und Vorsicht im Duktus kennzeichnet deutsche Bilder besonders in der Romantik, aber es setzt sich fort bis zum Beginn der Moderne.

Und doch sollte vor diesem Hintergrund aus biederem Akademismus und fanatischem Realismus ein Maler wie Lovis Corinth auftreten. Vergleicht man, wie deutsche Malerei vorher beschaffen war, so ist die seine wie mit der Pranke eines Löwen gemalt. Als ob er all das Versäumte nachzuholen gedenke, so entfesselt ist seine Malerei. So etwas wie Corinth hatte es in Deutschland bis dahin noch nicht gegeben: Die Bilder flackern im wilden Duktus; lange Farbbahnen wechseln mit kurzen Pinselansätzen, unterbrochen von Punkten und Verschleifungen. Lovis Corinth wühlt förmlich in der Farbe. Aus dunk-

len, braunbläulichen Zonen steigt ein flimmern-
des Weiß auf und gleitet über zu Rosa und von
dort weiter zu Grün. Er liebt den schweren Brei
der Ölfarben. Corinth manscht mit der ange-
rührten Farbe auf der Leinwand weiter herum,
übergeht mit ein paar breiten, schlenkernden
Pinselzügen, was ihm zu kleinteilig erscheint,
setzt schließlich einige helle Drücker auf. Eine
große Dynamik füllt die Bilder aus, aber er ver-
unreinigt dabei auch fast alles. Die unendlich
vielschichtigen, ineinander übergehenden und
unbestimmbar zwischen Ocker und Zitronengelb oder Caput mortuum, Krapplack und Kobalt
schwankenden Farbschlieren hatten es ihm an-
getan. Seine bäuerliche, bisweilen derbe Sinnlichkeit drückt sich in diesem Farbbrei aus. Seine Malerei kann so schmutzig sein wie der
Matsch im Frühjahr auf dem väterlichen Bau-
ernhof und so kraftvoll und hell wie ein ostpreu-
ßischer Sommer.

Doch die oftmals dumpf-schmutzige Farbska-
la gab Anlaß zur Kritik. Ein »Malschwein« nennen ihn die Malerkollegen, ein Schimpfwort,
welches mittlerweile – im Abstand von sechzig
Jahren – von jungen Künstlern wie ein Titel ge-
tragen wird. Die sorglose, meist sogar gewollte
Verunreinigung der Töne haftet ihm sein Leben
lang als Makel an. Obwohl die Modernität seiner
Kunst auf der Hand lag, blieb er bis vor einigen
Jahren ziemlich unbeachtet. Als modern galt er

nicht. Erst in letzter Zeit dämmert allmählich die Größe seiner Kunst herauf, die natürlich genau dort, in seinem Schmutz und seinen unstatischen Kompositionen zu suchen ist. Doch bisher war es immer so, daß er, trotz seiner unbestreitbaren Genialität, in der Wertschätzung hinter Liebermann rangierte.

Lovis Corinth wird am 21. Juli 1858 in Tapiau in Ostpreußen als Sohn eines Bauern und Lohgerbers geboren. Mit acht Jahren kommt er zu einer Tante nach Königsberg, geht in der Stadt zur Schule und wird mit achtzehn als Student der Malerei an der Königlichen Akademie angenommen. Mit 22 Jahren zieht er nach München, studiert noch einmal zwei Jahre an der dortigen Akademie und wählt anschließend den freien Beruf des Künstlers. Nach einem mehrere Monate dauernden Aufenthalt in Paris übersiedelt er um 1900 in die Reichshauptstadt Berlin. Hier wird er mit Liebermann bekannt, befreundet sich mit Walter Leistikow und gründet eine Malschule für Frauen: Seine erste Schülerin, Charlotte Berend, wird ein Jahr später seine Frau. Zwei Kinder kommen zur Welt, Charlotte Berend-Corinth wird ihrerseits eine bekannte Malerin. 1911 wählt man Corinth zum Vorsitzenden der Berliner Secession, doch im Winter des gleichen Jahres erleidet er einen Schlaganfall. Es bleibt eine gewisse Behinderung zurück, und es fällt ihm fortan schwer, die Malhand ruhig zu führen, was jedoch den charakteristischen Duktus seiner Malerei eher noch verstärkt. Corinth ist jetzt berühmt, wenn auch immer noch umstritten. 1921 wird ihm die Ehrendoktorwürde der Universität Königsberg verliehen, und er wird Präsident der Berliner Secession. Ab 1922 wohnt er wieder in Bayern, und zwar in Urfeld am Walchensee, wo die gleichnamigen Landschaften entstehen. 1925, am 17. Juli, stirbt er während einer Reise in Zandvoort in Holland an einer Lungenentzündung. Er hatte sich noch einmal Frans Hals und Rembrandt ansehen wollen.

Die Malerei Lovis Corinths wird dem deutschen Impressionismus zugerechnet und in einer Reihe mit Liebermann, Slevogt, Trübner, Uhde und Schuch gesehen. Als einziger weist Corinth weit darüber hinaus, er sprengt den Rahmen der Impression und schafft eine Verbindung zum Expressionismus; indirekt sogar noch weiter zum Informel – und noch weiter zum jetzigen Neoexpressionismus. Seine Malerei steht zwischen den Kunstrichtungen, sie ist stilistisch eher impressionistisch, in der Aussage jedoch schon expressiv. Man muß aber unterscheiden, was an seiner Malerei wirklich bewußt eingesetzt ist und was eher zufällig sich mit späteren Kunstformen deckt. So ist seine Nähe zum Informel nur scheinbar vorhanden, die Vorstellung von der vollständigen Auflösung der Darstellung wäre ihm wie ein Verlust erschienen, denn gerade die sinnliche Steigerung der Natur in der Malerei war sein Anliegen.

Anders sieht schon das ambivalente Verhältnis zum Expressionismus aus. Hier ist tatsächlich ein Weg nachweisbar, den er als erster betrat. Von Kokoschka und Meidner, die ihm einiges verdanken, bleibt sein Stil bis in unsere Tage von Einfluß. Während es aber vor fünfzehn Jahren, als zum Beispiel die Kritik an meiner Malerei einen verwandten Duktus mit Corinth feststellte, noch kein Ruhmesblatt war, mit ihm verglichen zu werden, drängeln sich jetzt die deutschen Maler förmlich danach. Ein Blick auf die Wilde Malerei genügt, um zu sehen, was ihn für die heutigen so anziehend macht: Es ist der Schmutz. Corinths unsaubere Farben beherrschen die Paletten der jungen Maler, und man schmiert mittlerweile derartig, daß die Bilder ins Unlesbare, sprich Unerkenntliche, versinken. Im dumpf Dräuenden hat die Malerei ihr Heil gesucht, vielleicht aus der Hoffnung heraus, dort die Wahrheit zu finden oder wenigstens ein Echo auf unsere so verworrene Zeit.

Mag ein Verständnis der Ästhetik unserer Tage möglich sein, so erklärt das noch nicht die Ästhetik Corinths. Was mag ihn bewogen haben, sich mitten im Triumph des Impressionismus abzuwenden aus der farbenfrohen Helle dieser

Malerei und sich der Erde zuzuwenden und ihre Farben aufzunehmen: das Umbra aufsteigen zu lassen in seinen Bildern, das Caput mortuum, Ocker und Schwarz? Was trieb ihn, das Braune und Dunkle aufzunehmen, das Unsaubere einzubeziehen und das Unklare stehenzulassen?

Corinth war nie elegant. Als junger Mann nimmt er die Schlachthöfe seiner Heimat zum Sujet, wahrscheinlich ist er dabei von Rembrandt inspiriert; dann malt er burleske Satyrszenen, Kühe im Stall und auf der Weide, ziemlich üppige Akte und die elterliche Stube mit den Familienmitgliedern. Das war seine Welt, und diese bäuerliche Herkunft hat er nie verleugnet. Nie hat er die Wurzeln zu seiner ostpreußischen Erde gekappt, sondern er blieb bäuerlich, auch als er schließlich in München und dann in Berlin residierte. Die Verbundenheit mit der Erde ist in seiner Kunst sofort spürbar. Das Derbe und Einfache der Bauern, der unvermeidbare Schmutz, der sich vom Hof und aus dem Stall ins Haus trägt, die Erdklumpen an den Stiefeln, wenn man über Land geht – all das wurde zu seiner Malerei. An seinem Impressionismus hat auch die Erde teil. Zum ersten Mal ist es kein Städter, der aufs Land geht, um hier ein paar herrliche Eindrücke der Natur einzufangen, sondern es ist der Landmann selbst, der hier malt, und der sieht tiefer. Keinen schöneren Impressionismus bringt er

Leuchtendes und Verschmutztes, Dumpfes und Klares wirbelt der Strom wahllos durcheinander und treibt es weiter in der bemessenen Zeit.

Lovis Corinth: Flora, Öl auf Leinwand, 1923

ein, aber vielleicht einen wahreren. Damit löst er den Impressionismus zugleich auf.

Mag Corinths Erdhaftigkeit auch durch seine Herkunft bedingt sein, so setzt sein nervöser Duktus erst spät ein. Die wilde Pinselführung ist wie eine Zäsur in seinem Leben und in seiner Kunst. Zunächst war da nichts Dramatisches: Er hatte eine Familie und liebte das Leben, rauchte Zigarren, trank gern Rotwein und malte sich oft als Bacchus. Er malte seine Familie in immer neuen Varianten des häuslichen Glücks, seine stillende Frau, die spielenden Kinder und alle zusammen wohlaufgereiht zum Gruppenbild. Erst nach seinem Schlaganfall von 1911 kommt eine Wende in seinem Schaffen, erst jetzt gibt er den Impressionismus ganz auf. Es ist kein direkter Bruch zu seinem vorherigen Schaffen – alles war schon angelegt–, doch erst jetzt, in der verzweifelten Anstrengung, die ihn die Überwindung der Krankheit kostet, wächst er über sich selbst hinaus. Zwischen 1911 und 1925 malt er die Bilder, die für uns heute so aufregend sind.

Es entstehen seine Hauptwerke: »Ecce homo« (1925) und »Susanna und die beiden Alten« (1923), der »Rote Christus« (1922), das »Bildnis des Reichspräsidenten Friedrich Ebert« (1924), die »Walchenseelandschaften« und viele Blumenstilleben, verschwenderisch zerfallend in tausend Farben. Er malt ein Porträt von Leonid Pasternak, eines von Julius Meier-Graefe und immer wieder sich selbst. Er malt ohne Unterlaß, als gelte es, seinem ohnehin schon riesigen Werk noch etwas Endgültiges hinzuzufügen.

Was wir aber wirklich sehen, ist ein Mann, der die Hand des Todes bereits gespürt hatte, jedoch nicht in Resignation verfiel, sondern sich um so intensiver dem Leben zuwandte, dem so dunklen und verschlungenen, dann wieder hell aufstrahlenden Leben. Wie ein breiter brodelnder Strom fließt alles von links nach rechts über seine Bilder dahin: die Blume Amaryllis, der verschneite Walchensee und sein eigenes Selbst im matten Widerschein des Spiegels. Leuchtendes und Verschmutztes, Dumpfes und Klares wirbelt der Strom wahllos durcheinander und treibt es weiter in der bemessenen Zeit.

Vierzehn Jahre waren ihm nach seinem Schlaganfall noch gegeben. Es war genug Zeit, ihn zu einem der größten deutschen Maler werden zu lassen.

Die Orthodoxie der Moderne

ES IST EIN KUNSTSTÜCK, ALT UND JUNG ZUGLEICH zu sein, und dieses Kunststück ist bisher nur der modernen Kunst gelungen. Sie ist jetzt gut über hundert Jahre alt und geriert sich immer noch jung: sie ist immer noch Avantgarde – wie eh und je. Obwohl längst etabliert und offiziell geworden, bleibt sie empfindlich, nimmt übel, und wer die zeitgenössische Moderne kritisieren will, hat einen schweren Stand. Von Hans Sedlmayr, Hans Platschek, Carl Hofer bis hin zu Tom Wolfe, mit seinem »gemalten Wort«, sind alle, die dagegen waren, durch tatkräftige Beschützer aus dem Felde geschlagen worden. Die Kritik wurde förmlich verschluckt. Warnung wie Mahnung, Aufrufe zur Besinnung, alles verhallte bald wieder, blieb zurück hinter den vorwärtsstürzenden Kunstereignissen. Vielleicht abgesehen von Hans Sedlmayrs Buch vom »Verlust der Mitte«, welches nun wirklich einigen Ärger verursachte, waren die Bremsversuche schnell vergessen. Kritiker der Moderne wie Hofer und auch Platschek bekamen sehr bald die Quittung: Sie wurden zu Ausstellungen nicht eingeladen, nicht besprochen, kurz, man machte einen Bogen um sie.

Die Künstler zogen schnell ihre Lehren, und so ist es geblieben: Ein jeder weiß heute, daß es nicht lohnt, sich mit der modernen Kunst und erst recht nicht mit der Kunstpolitik anzulegen. Man begegnet sich freundlich, findet im Grunde alles und jedes diskutierbar und ist im übrigen auf seinen eignen Vorteil bedacht. Von Revolutionären wie Courbet oder von Streithammeln wie van Gogh oder Nolde kann da keine Rede sein.

Es ist also Ruhe eingekehrt im Kunstbetrieb, trotz aller Martialität und Großspurigkeit, und trotz aller Querelen bleibt der Konsens zur Moderne erhalten. Alles wird dem Kunstbetrieb heute nachgesehen.

In den letzten vierzig Jahren stürzt die Moderne ununterbrochen voran, das ist ihr Markenzeichen geworden: immerwährende Innovation, stetige Veränderung, Neuerungen, Wechsel. In immer größeren Ausstellungen wird uns das vorgeführt. Kaum haben wir versucht, uns in das Neue einzusehen, sind wir schon wieder mit noch Neuerem konfrontiert. Die Kunst von heute ist wie der Swinegel, der immer schon da ist, wenn wir ankommen, oder besser, schon wieder weg ist, wenn wir anlangen. Die jetzige Kunst zeigt sich jeweils nur kurz und ist nie das, was man sieht.

Aber die Bewegung ist nur scheinbar. Bei dem

bereits so lange anhaltenden Fortschritt haben wir gar nicht bemerkt, daß wir seit geraumer Zeit auf der Stelle treten. Denn das, was uns jeweils größer oder bunter als das Neue gepriesen wird, ist uns eigentlich bekannt. Es handelt sich meist um Modifikationen, um zweite Aufgüsse also, die selten den Reiz des Vorangegangenen erreichen. So einfach läßt sich die Kunst eben nicht vermehren.

Die unerbittliche Wahrheit, daß das Arsenal der Kunst nicht unbegrenzt ist und Wiederholungen deshalb unvermeidlich sind, läßt sich gar nicht vertuschen. In längeren oder kürzeren Zyklen – manchmal dauert es ein bis zwei Dezennien, manchmal runde sechzig Jahre, wie beim wiedererstandenen Expressionismus – kehren die vertrauten Richtungen wieder.

Das zuzugeben, dem ins Auge zu sehen, ist aber unmöglich, denn das Selbstverständnis der Moderne wäre damit durchbrochen: die endlose Innovation. Für die Moderne, definiert durch Wandelbarkeit, wäre Stillstand Selbstaufgabe. Sie muß sich weiterentwickeln. Um dieser Forderung nachzukommen, ist sie gezwungen, in jedem Falle neue Kunst zu erfinden. Solch ein Imperativ führt zwangsläufig zu Zeitnot und Zeitnot wiederum zur Unbedachtsamkeit und dazu, schnell etwas in die Bresche zu werfen. In eine solche Zwangslage ist die Moderne geraten, und darum gebiert sie jetzt seltsame Dinge, von denen wir zunächst kaum glauben können, daß es Kunstwerke seien. Wie ein verrückt gewordener Supercomputer in einem Science-fiction-Film spuckt sie wahllos mal Tische und Stühle, mal Mauern, Türmchen, Ruinen der Puebloindianer, prähistorische Knochen, Bleirohre, Lehm oder nagelneue Staubsauger in die Museen. Kein Mensch kann sich vorstellen, was die Moderne als nächstes entwirft. Für Überraschung ist gesorgt, das muß man sagen, doch was das alles soll, bleibt ein Rätsel. Auf den Bildern kann man ähnliches beobachten: ganz einfach, ganz reduziert sind auf ein paar offenen Segmenten kleine Häuschen, Spiralen, Enten, Kreuze oder einfach nur Striche gemalt (bloß keine Atmosphäre!). Auch hier ist natürlich alles möglich. Doch so unglaublich das klingt, in der vollkommenen Vielfalt liegt ebenfalls Wiederholung. Es ähnelt sich so, wie sich das Angebot eines Warenhauses ähnelt, im Tausenderlei bleibt sich alles gleich.

Die Kunst kämpft hier einen Kampf gegen sich selbst, sie mag sich selbst nicht mehr, sie haßt sich. Die Welt, das Schicksal, die Wirklichkeit erreichen sie nicht mehr, damit hat sie nichts zu tun. Sie bewegt sich in einem absoluten Freiraum, gut geschützt; hier herrschen nur ihre Regeln, und keiner redet ihr hinein. Und hier führt sie jahrein, jahraus den erbitterten Dialog mit sich selbst.

Wir sind das Paradoxon einer sich unablässig

wandelnden Orthodoxie geworden. Das Veränderliche, der Zwang zur steten Wandlung, ist unsere spezielle Form der Orthodoxie. Mitten im Fortschrittswahn stehen wir unbewußt in der Orthodoxie, und wie jede Orthodoxie vereinfachen wir laufend. In dem Glauben, kreativ zu sein, reduzieren wir nur: ganz radikal im Formalen, aber auch im Inhaltlichen.

So drastisch und mit diesem zynischen Unterton hat sich die Orthodoxie des unaufhörlichen Wandels erst in den siebziger Jahren gefestigt, als auch der letzte Rest von Idealismus dahinschwand und Kunst und Kommerz sich so innig verschränkten wie nie zuvor. Alle Störungen werden seitdem nur noch als lästig empfunden. Auf der anderen Seite muß man sagen: wir leben ganz gut mit dieser wurstigen Verdrossenheit, in der die Kunst durchaus ihren Platz hat, aber kaum noch Wirkung.

Mag es draußen noch so toben, im Inneren bleibt es zuversichtlich. Höfliches Einvernehmen überall in den Museen, in den Feuilletons. Man schreibt ungern schlecht über die Kunst. Es läßt sich ja auch alles erklären. Wir haben uns daran gewöhnt, über Kunst im Jargon zu lesen: im Kunstjargon, den wir alle verstehen und der uns täglich auf den Kanon unserer Kunstauffassung hinweist. Wir wissen, wie der Hase läuft, laufen muß, lesen deshalb oft nur den Anfang, das Ende – und sind schon im Bilde.

Die Geschichte lehrt uns, wie empfindlich und eifernd Orthodoxien sind. Sie setzen nichts aufs Spiel, verbieten am liebsten alles andere, schotten sich möglichst ab. Innerhalb der Regeln ist man frei, aber das eigene Weltbild darf nicht angekratzt werden. Jede Orthodoxie ist vom Glauben beseelt, einzigartig zu sein, die beste aller Welten. Das ist ihr Kern. Wird dieser Glaube an die eigene Unfehlbarkeit zerstört, zerbricht sie. Die zeitgenössische Orthodoxie hegt vor allem den Glauben an den unaufhörlichen Fortschritt der Kunst: Es muß einfach immer weitergehen, es muß was passieren!

Der Kern dieser Hybris ist nicht in der Kunst zu suchen, sondern in dem trotz allem unverdrossenen Fortschrittsglauben rings umher. Mögen die Zeichen schlecht stehen, die blinde Produktivität sich mehr und mehr gegen den Menschen richten, als Gefahr sich abzeichnen: von der Aktivität als ethischer Vorgabe können wir nicht lassen. Die Wirklichkeit befindet sich nämlich im gleich gekrümmten Raum wie die Kunst. Auch sie dreht sich im Kreise. In der grenzenlosen Freiheit der Entscheidungen gelangt sie immer wieder beim Bruttosozialprodukt an. Doch wie soll man andere Räume, andere Dimensionen wahrnehmen, wenn sie nicht auszumachen sind? Wir wollen weiter Werte schaffen, ob in der Wirtschaft oder in der Kunst, und wer sich dem in den Weg stellt, schwimmt gegen den Strom.

Viele Kunstfreunde sehen das ganz anders und finden gerade im heutigen Kunstüberfluß ein Eldorado der Kunst, wie es das bisher nie gab. Es kann der Kunst für solche Kunstenthusiasten gar nicht genug sein. Diese Fähigkeit, Kunst zu genießen, ist beneidenswert. Wem ist es schon vergönnt, so in der Fülle der Kunst zu schwelgen und nicht genug Zeit zu finden, das alles zu ästimieren, es auszukosten.

Zu fragen ist allerdings, wo denn dieses Schlaraffenland der Kunst überhaupt liegt. In den Museen jedenfalls nicht; ob Kunsthalle Hamburg, Museum Ludwig in Köln, Amsterdam oder Los Angeles, das Neueste ähnelt, wie gesagt, einander fatal: ein Iglu, längliche Kisten, ein verkohlter Balken, etwas aus Balken Gezimmertes, ein Ballen Segeltuch, Stöcke, Steine, Sand und Seile, Eisenplatten. Was immer man sieht – und ich will niemandem die Fähigkeit absprechen, über die Objekte hinweg mehr zu sehen, als vorhanden ist –, was immer man also sieht, neue Weltbilder sind es nicht.

Die Verständlichkeit der Kunst, muß sie sein? An diesem Punkt angekommen, könnte man sich mit dem erwähnten Jargon der Feuilletons aus der Affäre ziehen, aber die Frage liegt auf dem Tisch. Um ein Beispiel zu nennen: Klee vermittelt mir ein Weltbild. Dasselbe gilt für C.D. Friedrich, für Kirchner und für Beckmann. Sogar bei Wols tritt mir eine eigene Sicht der Welt entgegen – bei Braque ist das schon eingeschränkt –, bei Matisse möchte man von Lebensart sprechen. Bei Mondrian sehe ich eine neue Sicht der Kunst, aber kein Weltbild mehr. Mondrian will das nicht, will nur noch Maler sein, nicht Deuter. Pollock vermittelt mir kein Weltbild, Tobey noch eine Ahnung davon.

Irgendwo gibt es für jeden diese Trennung, und bei jedem mag die Trennlinie anders verlaufen. Zeitlich pendelt das weit auseinander, es kann schon der analytische Kubismus sein, also 1910, wo das Verständnis endet, oder erst beim Informel der fünfziger Jahre. Unbestritten jedenfalls ist, daß das Informel keine Inhalte mehr transportiert. Dieser Malerei war inhaltlicher Ballast verboten. Das Informel war pure Malerei, war also die Vollendung des L'art pour l'art, war allerdings auch nur in dieser Ästhetik denkbar und ohne Vorbildung der abstrakten Richtungen nicht zu begreifen. Einen Weltentwurf zu vermitteln hatte diese Malerei aufgegeben; hätte sie es versucht, wäre sie als Malerei nicht möglich gewesen. Mittlerweile soll alles wieder einen Sinn haben. Die Zeiten, wo man ein Bild zunächst einmal nur als Bild betrachtete, sind längst dahin. Man streitet sogar der Kunst, die sich in diesem Sinne erklärte, das Recht ab, keinen Sinn haben zu wollen, und versucht ihr nachträglich einen Sinn unterzuschieben. Alles soll voller Sinn sein und voll von Bedeutung.

Allgemein verlangt man Tiefe, eher Schwere, dröhnenden Mythos oder wenigstens eine aufrüttelnde Provokation. Diesbezüglich ist schon was los auf dem modernen Sektor, über Mangel an Scherz, Provokation und tieferer Bedeutung kann man sich nicht beklagen. Trotzdem sind in letzter Zeit viele, und nicht nur die sofort zitierten Kunstbanausen oder die der Nazimalerei Nachtrauernden, sondern viele an der Moderne Interessierte mit der Entwicklung unzufrieden. Sie sind von den Megaunternehmungen gelangweilt, angeödet, auch empört und sogar verstört. Viele sind ratlos, aber gutwillig, wollen mitmachen, es begreifen und können doch nicht über ihren Schatten springen. »Der weiße Faden des Wunderbaren«, wie Giacometti das Erlebnis der Kunst einmal umschrieb, will sich beim Betrachten von Pseudomöbeln oder chaotischen Bildern einfach nicht einstellen. Die Werke bleiben bloße Dinge oder eben Gerümpel, und so bleiben die meisten lieber zu Hause.

Der moderne Kunstbetrieb nimmt es in Kauf, daß ihm ein großer Teil seiner Anhänger verlorengeht. Man hat dafür andere gefunden, die es nicht so genau nehmen; man hat die Nörgler und Zauderer auch gar nicht nötig. Im Gegenteil, der Betrieb läuft jetzt, in der großen Freiheit, viel besser. Es ist alles viel einfacher und leichter geworden, die Politiker haben die Kunst entdeckt, die Illustrierten haben die Kunst entdeckt, die

Banken, die Firmen und die Jugendlichen. Auf den Künstler ist man dabei längst nicht mehr angewiesen, er muß froh sein, dabeisein zu dürfen. Gemacht wird die Kunst jetzt von Kunstmachern, von ihnen wird alles vorausgeplant, ihnen werden die Gelder bewilligt, sie bestellen die Presse, kontakten die Werbeagentur. Der Erfolg scheint gesichert, die Besucherzahlen überzeugen.

Doch was sieht der einzelne? Die Frage bleibt, ob er überhaupt etwas sieht vom »weißen Faden«. Tragik und Lächerlichkeit liegen hier eng beieinander, denn der weiße Faden des Wunderbaren läßt sich überall spinnen – auch über einem leeren Webstuhl. Ja, gerade in der totalen Leere entsteht das herrlichste Gewebe. Man kann es zwar nicht fassen, nicht halten, auch nicht wirklich sehen, aber spüren wird man es. Denn der Flachs ist hier Wahn und das Gewebe das Kunstwerk. Über dem Werk entsteht die Kunst, doch hält sie sich nur, solange Wahn vorhanden ist. Wenn aller Flachs verbraucht ist, fällt das Kunstwerk in sich zusammen, auf sich zurück. Dann ist das Werk so allein wie eine Statue auf der Osterinsel, und alle werden auseinanderlaufen. Nur die Wahrheit, die das Kunstwerk verbreitet, wird dann noch existieren. Die Orthodoxie der Moderne, vielleicht die letzte ihrer Metamorphosen, wird dann zu Ende sein.

Die Realität

Kunst wird im Deutschen abgeleitet von »können«, ist also eine durch Übung erlangte Fertigkeit, besser Kunstfertigkeit. Doch wir denken heute bei »Kunst« nur noch an die hinter der Kunstfertigkeit stehende geistige Haltung. Wir sehen in der Kunst nur noch den Geist.

Der Terminus »Kunst«, wie wir ihn verstehen, kam erst auf, als der christliche Glaube langsam verblaßte. »Kunst« wurde erst im 18. Jahrhundert entdeckt und war von Anfang an mit verschiedenen Vorstellungen besetzt. Es hat den Anschein, als ob Europa für den sich zersetzenden Glauben ein Äquivalent suchte. Hinter dem Glauben an die Kunst lugte immer ein wenig das Christentum hervor. Im übrigen war der Begriff sehr dehnbar, komplex und in sich widersprüchlich. »Kunst« wurde unerklärlich. Vor allem ein diffuses Sehnen war mit der Nennung von »Kunst« verbunden – außerdem der Wunsch nach höheren Werten und auch noch ein Hauch von ewiger Wahrheit. Man tat sich nicht leicht mit dem Terminus, und nachdem er erst einmal in die philosophischen Gehirne eingedrungen war, wurde er immer noch schwerer. Er war den Denkern ein wunderbarer Werkstoff. Die Kunst galt alsbald als der Inbegriff des Hehren, des Offenen und Reinen, stand aber vor einem aus verschiedenen Kulturen geformten Hintergrund, der ihr die nötige Kompliziertheit gab. Kunst war einfach und kompliziert zugleich, Kunst war paradox.

In erster Linie wurde die Kunst für unsterblich gehalten: Mochten die Religionen vergehen und die Philosophien veralten, die Kunst war ewig. Die Botschaft des Kunstwerkes war »Kunst«, und diese Botschaft konnte nur mit dem Kunstwerk untergehen; solange das »Werk« bestand, war die Botschaft nicht zu widerlegen. Die Botschaft war kunstimmanent und damit unangreifbar, die Kunst stand auf außerterrestrischem Felde, und die Wahrhaftigkeit der Kunst war auf ewig bestimmt. Das Attribut »ewig« für die Kunst – das übrigens auch noch bei Friedrich Nietzsche mitschwingt – war ein stilles Erbe des Christentums. Mochte das ewige Leben auch verloren sein, in der Kunst fand man immer noch einen kleinen Ansatz von Ewigkeit. Und etwas in der Kunst hing sogar noch dem verlorenen Paradiese nach.

Denn obwohl ein »Paradiesgärtlein« nicht mehr gemalt werden konnte – dafür hatten sich die Zeiten denn doch zu sehr geändert –, fand man in der beginnenden Romantik wenigstens das überirdische Gefühl durch die Kunst formuliert: Das sich in den Äther schwingende Gefühl mußte jetzt das Paradies ersetzen. Dem rheinischen Meister des »Paradiesgärtleins« war es schon ein paradiesischer Zustand, aller Fron ledig zu sein und in einem Garten der Muße zu pflegen; »arbeitslos« zu sein war das Höchste. Aber die Imagination eines konkreten Paradieses war in der Neuzeit unmöglich geworden, nur noch das ruhelose Suchen danach war übriggeblieben. In der Tiefe des Raumes sah Caspar David Friedrich sein Paradies, Turner sah es im Nebel über der irischen See, und für die Impressionisten war es einfach im Hier und Jetzt zu finden.

Aber »Kunst« als ewige Wahrheit war dem Europäer auch deshalb ein Bedürfnis, weil er dort noch einmal seinen Hang zur Metaphysik unterbringen konnte. Schon deshalb durfte die Kunst auf keinen Fall für den flüchtigen Augenblick gemacht sein. Kunst sollte für immer geschaffen sein, sollte schön und, wenn möglich, auch noch wissenschaftlich sein. Ja, auch diesem Kriterium sollte sie einmal standhalten.

Tatsächlich gab es in Europa lange Zeit die Hoffnung, eines Tages die Malerei zur Wissenschaft zu erheben. An diesem Ideal haben alle, von Uccello über Dürer und Leonardo bis hin zu Rosso Fiorentino gearbeitet; Raffael gab sich sogar der Gewißheit hin, er habe so viele Normen geschaffen, daß danach jeder seiner Schüler je-

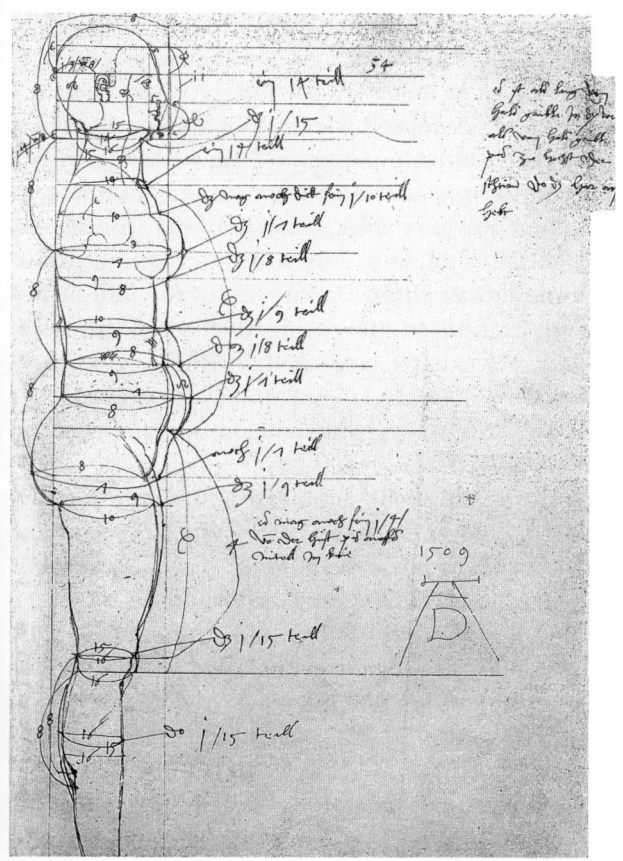

Tatsächlich gab es in Europa lange Zeit die Hoffnung, eines Tages die Malerei zur Wissenschaft zu erheben.

Albrecht Dürer: Weibliche Figur ohne Arme, Dresdner Skizzenbuch, 1509

derzeit ein anständiges Bild malen könne. Ein Bild sollte eine objektive, wissenschaftliche Wiedergabe der Realität sein und – wissenschaftlich gedacht – jederzeit wiederholbar sein. Ob es nun um die Zentralperspektive, die wirkungsvollste Schattierung oder die Proportionen des menschlichen Körpers ging, das Ziel war immer das richtige Maß und eine absolut richtige Abbildung der Realität. Davon waren sie alle besessen, und Rosso Fiorentino verfiel in Depressionen, als er sich eingestehen mußte, wie unerreichbar das war. Doch ganz so abwegig war das Projekt nicht, wie wir heute, im Zeitalter der Fotografie, wissen.

Die ganze Sache scheiterte natürlich auch daran, daß keine noch so ausgeklügelte Norm eine Garantie für ein gutes Bild ist. Auch das wissenschaftliche Prinzip der Wiederholbarkeit ist bei einem Bild nicht haltbar. Wie dem auch sei, die Vollendung der Malerei im objektiven Realismus war der große Gedanke der Renaissance. Um diesen zentralen Punkt gruppierte sich alles andere: Ausdruck, Farbe, Komposition. Wir ignorieren heute oft das Ideal der Renaissance, die Kunst zu verlassen und aus ihr eine Wissenschaft zu machen, und argumentieren so, als hätte es solche Versuche nie gegeben. Man suggeriert uns heute gern, die Kunst sei immer nur eine Sache des Gefühls gewesen, immer nur Suche nach Hedonistik, vielleicht auch Hermeneutik

Ein Bild sollte eine objektive, wissenschaftliche Wieder-
gabe der Realität sein.

Luca Signorelli: Weltende (Ausschnitt), Fresko, San Brizioka-
pelle, Dom, Orvieto, 1502

und natürlich immer Mythos. Aber in der Renaissance war das Schöne zunächst einmal das Richtige.

Nicht das Gefühl war bis zum Postimpressionismus das Hauptkriterium, sondern der Realismus: Es fiel zunächst einmal alle Malerei heraus, die die Realität unvollkommen oder linkisch wiedergab. Ob es sich nun um Rembrandt oder Monet handelte, man hielt sich an das Gerüst der Realität, und zwar ziemlich streng. Um als Bild überhaupt erst einmal in Betracht zu kommen, mußte die dritte Dimension erfüllt sein, die Figuren durften keine Karikaturen und die dargestellten Dinge mußten erkennbar sein. Das war die Voraussetzung für professionelle Malerei, alle anderen Erwägungen folgten erst danach. Andere Kulturen, wie die chinesische und auch die indische, sahen das nicht so streng, hatten aber auch nie einen solchen Perfektionsdrang zur absolut richtigen Wiedergabe entwickelt wie die Europäer.

Wie ein Korsett umklammerte die Realität die Kunst Europas seit der Renaissance. Mal ging es etwas lockerer, mal wieder sehr streng zu, aber vierhundert Jahre lang sollte nichts durchgehen, was nicht den Normen der Realität entsprach. Das war nicht nur ein Vorteil – wenn man etwa an all die genormten Landschaften denkt, die die Säle so vieler Museen füllen. Aber Phantastereien wie bei den Indern oder formale Freiheiten, wie sie sich die Chinesen herausnahmen, waren bei uns undenkbar. Ein in chinesischer Manier hingetuschtes Bambusrohr hätte einem gebildeten Europäer einfach nicht genügt.

Wenn auch die Verwissenschaftlichung der Kunst nicht gelang, so sah man doch in ihrem ziemlich weit getriebenen Realismus einen Garanten für ihre Wahrheit. Was auch immer Poussin allegorisch zusammenmontierte, es war zunächst einmal eine gemalte Apotheose der Natur, eingebunden in die Realität. Die Realität war das einzige, was dem europäischen Menschen nach dem Zusammenbruch seines Glaubens und, wenn man so will, auch seiner Mythen noch geblieben war. Die Befragung der Realität war der einzige Weg, der dem europäischen Maler blieb: Es gab keine Wahrheit außerhalb. Davon war man seit der Renaissance fest überzeugt. Mochten um diesen ruhenden Pol die Wogen der Auslegung noch so hoch gehen, die Forderung, daß ein Gegenstand »richtig« gemalt sein müsse, war letztlich unumstößlich. Die Realität war in der Malerei so selbstverständlich, daß sie nicht einmal mehr bemerkt wurde. Nebenbei notiert, das Erlernen der Kunstfertigkeit, die Gegenstände richtig zu zeichnen, erfordert mehr Mühe, als sich so mancher moderne Genius, der darüber mit wegwerfender Geste hinwischt, vorstellen kann.

Angesichts der vierhundert Jahre Realismus

nimmt sich die abstrakte Kunst wie eine Revolution aus. Vergegenwärtigt man sich den Bruch in seiner ganzen Tragweite, so kann man vielleicht etwas besser die Entrüstung verstehen, mit der ein eingefleischter Realist die Ungegenständlichen ansieht. Aber es ist nicht nur der Verlust der Gegenständlichkeit, welcher bis heute Unbehagen auslöst, sondern es ist vor allem die damit verbundene Ratlosigkeit.

Dem puritanischen Realisten ist jede Abstraktion, welche die Form antastet, ein Greuel, und er macht bei der Verdammnis nicht viel Federlesens. Aber schon gleich zu Beginn der Abstraktion ist ein grundlegender Unterschied zu verzeichnen, und zwar zwischen dem von Cézanne ausgehenden Kubismus und dem mit van Gogh einsetzenden Expressionismus. Die Abstraktionsfähigkeit der Cézanneschen Malerei fällt sofort ins Auge, während wir uns eine Abstraktion bei van Gogh schwerer vorstellen können. Doch bei van Gogh sollte sich eine Auflösung des Gegenstandes auch gar nicht vollziehen; seine Malerei zielt auf die Abwendung von der Realität, die sich in der Vernachlässigung des Gegenstandes andeutet.

Doch zunächst ist der Abstraktionsgrad bei beiden Malern ungefähr gleich: Beide verlassen den Gegenstand nicht ganz, und was sich bei Cézanne kaleidoskopisch zersplittert, wird von van Gogh ausdrücklich verbogen. Der weitere Ver-

*Der Kubismus hat bereits 1910 den Gegenstand vollstän-
dig aufgelöst, beim Expressionismus dagegen sollte sich
das erst 1950 mit den Bildern de Koonings vollziehen.*

Willem de Kooning: Monumental Woman, Kohle auf Papier,
1953

lauf ist dann allerdings sehr unterschiedlich: Der Kubismus hat bereits 1910 den Gegenstand vollständig aufgelöst, beim Expressionismus dagegen sollte sich das erst 1950 mit den Bildern Willem de Koonings vollziehen. Und doch ist die Zerstörung der Realität in der Kunst van Goghs viel konsequenter konzipiert als bei Cézanne. Denn der Kubismus bezieht sich immer noch auf den Gegenstand: Was da zersplittert zu einem Bild zusammengesetzt ist, könnte man auch wieder in Einzelteile zerlegen und zu seinem ursprünglichen Zustand zurückführen. Der Expressionismus dagegen ignoriert die Wirklichkeit, setzt über die Realität das sich selbst feiernde Gefühl, verschließt sich vor jeder Tatsache und will den Rausch um jeden Preis. Wird der Gegenstand beim Kubismus noch beobachtet und analysiert, so spielt er beim Expressionismus eigentlich keine tragende Rolle mehr, sondern dient als Vehikel des Ausdrucks, sozusagen als notwendiges Übel – als Wasserträger des ganz großen Lebensgefühls.

Die Abkoppelung vom Gegenstand durch den Expressionismus war gravierender als die des Kubismus und, gerade weil das so unbewußt geschah, auch kunstgeschichtlich entscheidender. Erst der Expressionismus hat die Gegenständlichkeit in der Kunst endgültig abgeschafft und ein vollständiges Umdenken im Kunstverständnis herbeigeführt. Durch ihn ist eine Kunst entstanden, welche die Form und die Bewältigung des Gegenstandes als Kriterium erst gar nicht mehr gelten läßt. Es ist verblüffend, zu welchen Auswüchsen der Verlust des Formgefühls führen kann, aber der Keim dazu ist mit der Malerei van Goghs gelegt worden.

Das »Sammeln« der Realität durch die Jahrhunderte, von Giotto bis Ingres, war ein mühevoller Weg, viel Erbsenzählerei war dabei und viel Geduld vonnöten. Die Geschichte der Moderne mutet dagegen eher wie ein kurzer Kampf an, und wenn wir das Ganze jetzt am Ende des Jahrtausends und am Ende der Moderne übersehen, so waren die hundert Jahre der Moderne eigentlich immer ein Kampf gegen die Realität.

Auch diese Auseinandersetzung ist längst entschieden, es gibt keine Realität mehr in der Kunst. Es ist jetzt alles gleich-wertig. Keiner von uns kann sich aus seiner Zeit davonstehlen, und wie stark auch immer wir in Opposition zur jetzigen Konfusion stehen – wir gewöhnen uns ein. Ich glaube, mehr oder weniger haben wir uns alle eingesehen ins nachmoderne Tohuwabohu, das wir zwar nicht verstehen, das wir aber doch anfangen zu tolerieren. Man arrangiert sich. Hin und wieder findet man etwas erträglich, das meiste ist natürlich Stumpfsinn. Die Erlösung von der Form macht alles gleich aussehend; es ist seltsam, über wie wenig Varianten das moderne Informel doch verfügt – immer wieder tauchen die gleichen Floskeln auf. Alles ist da jederzeit auswechselbar, denn so gut die Malerei auch sein mag, sie unterscheidet sich in der Qualität voneinander nur um Nuancen und wird niemals in der Lage sein, ihren Formenkreis zu durchbrechen. Das ist der Fluch der Gegenstandslosigkeit.

Natürlich ist das Feld der heutigen Kunst viel weiter gesteckt, der Versuch einer Aufzählung wäre Vermessenheit; doch wie verschieden auch immer die Kunstwerke sein mögen, sie können selten für sich selbst sprechen. Sie gebrauchen alle eine Erklärung, verlangen Worte um sich herum. Die Kunst braucht Hilfe. Der Beschauer solle sich das Bild »erarbeiten«, wurde kürzlich in einer Diskussion von einem Maler verlangt. Das Bild fesselt nicht mehr den Blick, reizt nicht mehr zum Ansehen, sondern fordert jetzt Mühe. Die Kunst ist so schwach geworden, daß sie von vornherein um ihre Ablehnung weiß.

Doch worum es mir hier am Schluß geht, ist die Frage nach der Realität der Kunst. Denn noch immer gibt sich der Verfasser dieses Buches der geheimen Hoffnung hin, ein gutes Bild werde sich auf Dauer selbst erklären und ein Kunstwerk genügend Kraft besitzen, um für sich selbst zu sprechen.

An dieser Frage entscheidet es sich, ob es die Kunst in Wirklichkeit überhaupt gibt. Geht die

»Kunst« von den Kunstwerken aus oder von den Worten über sie? Wenn die Kunst für sich selbst spricht, tritt sogleich auch wieder der metaphysische Anspruch des Kunstwerkes in Kraft. Ohne diesen Anspruch kann ein Bild nicht »Kunst« sein und müßte sich sofort den Vergleich mit Kulissenmalerei gefallen lassen. Das Bild braucht die Aura der »Kunst«, denn wird es mit der profanen Elle gemessen, verliert es sofort jede Bedeutung. Es ist also gar nicht möglich, ein Kunstwerk mit einem Kinoprospekt zu vergleichen; die Aufgabenstellung ist so verschieden, daß bei einem rein »objektiven« Vergleich ein »Bild« immer sinnlos erschiene.

Immer deutlicher steuert die »Kunstgeschichte« auf diesen neuralgischen Punkt zu: Wird sich die »Kunst« auflösen, oder werden die Kunstwerke standhalten? Die Museen haben sich vollgepumpt mit Werken der Moderne wie mit Werken der Nachmoderne. Ein jedes hat seine Fürsprecher, und an Intelligenz und Eloquenz steht keiner dem anderen nach. Auch das Geld kann in diesen babylonischen Zeiten kein Maßstab sein, und es streut sich mal über die Kunst aus und mal über die Scharlatanerie. Der »Staat« ist in diesen Fragen völlig hilflos, tendiert eher zur »Avantgarde«, wohl weil das immer eine gute Publicity gibt, steht aber, wenn es darauf ankommt, der Kunst gleichgültig gegenüber. Nur – und das mag vielleicht entscheidend sein – wir schlittern wieder in eine mythische Zeit: Der Mythos, jene unberechenbare, blinde Macht übernimmt die Herrschaft – und ob sich das Kunstwerk dagegen behaupten kann, ist noch die Frage.

wurde 1938 in Velbert (Rheinland) geboren. Er studierte an der Folkwang-Schule in Essen und von 1962 bis 1966 an der Hochschule für Bildende Künste Berlin. 1972 Aufenthalt in der Villa Romana, im gleichen Jahr Preis der Böttcherstraße; 1982 erhielt Fußmann den Kunstpreis der Stadt Darmstadt. Klaus Fußmann, Vertreter eines neuen Realismus nach 1960, ist seit 1974 Professor an der Hochschule der Künste in Berlin; er lebt und arbeitet in Berlin und Gelting (Schleswig-Holstein). 1985 erschien in der Reihe Corso bei Siedler der Band »Die verschwundene Malerei«.

CORSO bei *S*iedler

Konrad Adenauer
BRIEFE ÜBER DEUTSCHLAND
120 Seiten mit Abbildungen, Leinen

Egon Bahr
ZUM EUROPÄISCHEN FRIEDEN
Eine Antwort auf Gorbatschow
104 Seiten, Leinen

Peter Bender
WENN ES WEST-BERLIN NICHT GÄBE
104 Seiten mit Abbildungen, Leinen

Rainer Bieling
DIE TRÄNEN DER REVOLUTION
Die 68er – zwanzig Jahre danach
128 Seiten, Leinen

Horst Bienek
BIRKEN UND HOCHÖFEN
Eine Kindheit in Oberschlesien
104 Seiten, Abbildungen, Leinen

Hartmut Boockmann
DIE GEGENWART DES MITTELALTERS
96 Seiten mit Abbildungen, Leinen

Willy Brandt
DIE ABSCHIEDSREDE
96 Seiten mit Abbildungen, Leinen

Peter Graf Kielmansegg
LANGE SCHATTEN
Vom Umgang der Deutschen
mit der nationalsozialistischen Vergangenheit
104 Seiten, Leinen

Werner Knopp
WOHER, BERLIN, WOHIN?
96 Seiten mit 10 ganz- und doppelseitigen
Abbildungen, Leinen

Hermann Lübbe
POLITISCHER MORALISMUS
128 Seiten, Leinen

Christian Meier
POLITIK UND ANMUT
124 Seiten mit Abbildungen, Leinen

Thomas Nipperdey
WIE DAS BÜRGERTUM DIE MODERNE FAND
96 Seiten, Leinen

Karl Schlögel
DIE MITTE LIEGT OSTWÄRTS
2. Auflage · 128 Seiten
mit Abbildungen, Leinen

Helmut Schmidt
VOM DEUTSCHEN STOLZ
Bekenntnisse zur Erfahrung von Kunst
2. Auflage · 96 Seiten, Leinen

Hagen Schulze
DIE WIEDERKEHR EUROPAS
80 Seiten, Leinen

Hagen Schulze
GIBT ES ÜBERHAUPT EINE DEUTSCHE
GESCHICHTE?
80 Seiten, Abbildungen, Leinen

Wolf Jobst Siedler
AUF DER PFAUENINSEL
5. Auflage · 104 Seiten mit
Abbildungen, Leinen

Wolf Jobst Siedler
LOB DES BAUMES
80 Seiten mit
Abbildungen, Leinen

Wolf Jobst Siedler
WANDERUNGEN ZWISCHEN ODER UND NIRGENDWO
144 Seiten mit Abbildungen, Leinen

Michael Stürmer
SCHERBEN DES GLÜCKS
104 Seiten mit Abbildungen, Leinen

Henry A. Turner
GEISSEL DES JAHRHUNDERTS
Hitler und seine Hinterlassenschaft
96 Seiten, Leinen

Peter Wapnewski
LIEBESTOD UND GÖTTERNOT
104 Seiten mit Abbildungen, Leinen

Richard v. Weizsäcker
VON DEUTSCHLAND AUS
Reden des Bundespräsidenten
13. Auflage, 112, Leinen

Bernhard Wördehoff
FLAGGENWECHSEL
Ein Land und viele Fahnen
108 Seiten mit Abbildungen, Leinen

Der Siedler Verlag ist ein gemeinsames Unternehmen der Verlagsgruppe Bertelsmann und von Wolf Jobst Siedler.

CIP-Titelaufnahme der Deutschen Bibliothek

Fussmann, Klaus:
Die Schuld der Moderne / Klaus Fussmann.
– 1. Aufl. – Berlin: Siedler, 1991
(Corso bei Siedler)
ISBN 3-88680-407-0

Satz: Bongé + Partner, Berlin.
Gestaltung: Brigitte und H. P. Willberg, Eppstein/Ts.
Reproduktionen: Faesser, Berlin.
Druck und Buchbinder: Clausen & Bosse, Leck.
Printed in Germany 1991.
ISBN 3-88680-407-0